# Zukunft und Hoffnung!
*Jeremia 29,11*

Fabian Vogt mit Walter Lechner,
Svenja Neumann und Andreas Schlamm

# Zukunft und Hoffnung!

**Zwölf Ermutigungen
für die Kirche von morgen**

EVANGELISCHE VERLAGSANSTALT
Leipzig

Bibliographische Information der Deutschen Nationalbibliothek
Die Deutsche Nationalbibliothek verzeichnet diese Publikation in der
Deutschen Nationalbibliographie; detaillierte bibliographische Daten
sind im Internet über http://dnb.de abrufbar.

© 2024 by Evangelische Verlagsanstalt GmbH · Leipzig
Printed in Germany

Das Werk einschließlich aller seiner Teile ist urheberrechtlich
geschützt. Jede Verwertung außerhalb der Grenzen des Urheberrechtsgesetzes ist ohne Zustimmung des Verlags unzulässig und
strafbar. Das gilt insbesondere für Vervielfältigungen, Übersetzungen, Mikroverfilmungen und die Einspeicherung und Verarbeitung
in elektronischen Systemen.

Das Buch wurde auf alterungsbeständigem Papier gedruckt.

Coverbild: © pixaby.com/Jadid
Gesamtgestaltung: makena plangrafik, Leipzig/Zwenkau
Druck und Binden: BELTZ Grafische Betriebe GmbH, Bad Langensalza

ISBN 978-3-374-07777-9 // eISBN (PDF) 978-3-374-07778-6
www.eva-leipzig.de

# VORWORT

## Zukunft und Hoffnung für die Kirche von morgen

Veränderungen in der Kirche. Für viele klingt das nach Strukturreformen, Bürokratie und Spardebatten – nicht gerade das, was Aufbruchsstimmung verbreitet. Aber unsere Kirche steht vor enormen Herausforderungen: Mitgliederschwund, die Last unzähliger Missbrauchsfälle und eine rapide fortschreitende Säkularisierung schaffen ein schwieriges Umfeld. Man könnte fast meinen, die besten Zeiten lägen hinter uns.

In solchen Zeiten an die Botschaft Jeremias zu erinnern, klingt provokant: *»Ich weiß wohl, was ich für Gedanken über euch habe, sagt Gott: Gedanken des Friedens und nicht des Leides, dass ich euch Zukunft und Hoffnung gebe.«* (Jer 29,11). Aber genau das brauchen wir.

Zur Erinnerung: Dieser Vers wurde nicht an Menschen in komfortablen Sesseln gerichtet, sondern an ein Volk im Exil, fernab der Heimat, mit wenig Aussichten auf eine schnelle Rückkehr. Die Botschaft? *»Macht das Beste* *draus! Baut Häuser, pflanzt Gärten, gründet Familien – mitten in der Fremde.«* Kein »Alles wird gut«, sondern: *»Stellt euch den Tatsachen und gestaltet aktiv.«* Das klang damals sicher auch nicht wie der Plan, auf den sie gehofft hatten, aber genau das war der Schlüssel: sich nicht in Hoffnungslosigkeit zu verlieren, sondern die Realität anzupacken. Und das gilt heute genauso.

Wer sich fragt, wie die Kirche der Zukunft aussieht, sollte besser nicht in den Rückspiegel schauen. Die Frage ist nicht: *»Wie bekommen wir unsere alte Welt zurück?«*, sondern: *»Was machen wir jetzt mit dem, was wir haben?«* Glauben heißt nicht, darauf zu warten, dass Gott die alten Verhältnisse wiederherstellt, sondern zu vertrauen, dass wir mit seiner Hilfe eine neue Zukunft gestalten können.

Dieses Büchlein bietet keine Trostpflaster für Nostalgiker, die der »guten alten Zeit« nachtrauern. Stattdessen bietet es zwölf knackige Impulse, die wachrütteln, provozieren und zum Handeln motivieren. Kirche als Start-up? Warum nicht! Kirche als Bewegung? Klingt gut! Kirche, die mitten in der Gesellschaft wirkt, statt am Rand zu stehen? Unbedingt! Jeremia riet den Leuten damals, Häuser zu bauen und Gärten anzulegen – nicht, weil das die perfekte Lösung war, sondern weil solche kleinen Schritte in schwierigen Zeiten Hoffnung schenken.

Die Zukunft der Kirche ist nichts, was wir passiv erwarten dürfen. Wir müssen sie aktiv gestalten. Das bedeutet: Endzeitstimmung hinter uns lassen und den Mut finden, Neues auszuprobieren. Vielleicht klappt nicht alles sofort – na und? Wer nichts tut, bewegt nichts. Wer jedoch mutig neue Wege geht, kann eine Kirche aufbauen, die relevant bleibt, inspiriert und Hoffnung gibt.

Jeremia sagte damals nicht: »*Wartet ab!*« Er sagte: »*Packt es an!*« Auch wir stehen heute vor dieser Wahl: Bleiben wir passiv oder gestalten wir aktiv? »*Mag sein, dass der Jüngste Tag morgen anbricht*«, schrieb Dietrich Bonhoeffer, »*dann wollen wir gern die Arbeit für eine bessere Zukunft aus der Hand legen, vorher aber nicht.*« Die Kirche braucht Menschen, die nicht zaudern, sondern mutig neue Wege gehen.

Die Zukunft der Kirche kommt nicht von selbst. Wer nur abwartet, wird enttäuscht. Jetzt ist die Zeit, die Weichen zu stellen – mit Energie und Kreativität. Natürlich bedeutet das Arbeit, aber mal ehrlich: War es je einfach? Herausforderungen waren schon immer da, doch in ihnen liegt unsere Chance. Also: Ärmel hochkrempeln und ran an die Zukunft. Zukunft und Hoffnung sind keine leeren Versprechen – sie sind Aufgaben, die darauf warten, angepackt zu werden.

### Dr. Klaus Douglass

*ist Direktor von midi \* der Arbeitsstelle für missionarische Gemeindeentwicklung und diakonische Profilbildung in Berlin.*

# INHALT

Einleitung .................................................................. **11**

1. Kirche als spirituelle Gemeinschaft ........................... **19**

2. Kirche als Bewegung ................................................. **25**

3. Kirche als Start-up .................................................... **31**

4. Profilierte Gemeinden .............................................. **35**

5. Kooperative Gemeinden ........................................... **41**

6. Einladende Gemeinden ............................................ **45**

7. Wirken im Sozialraum .............................................. **51**

8. Wirken in der Gesellschaft ....................................... **55**

9. Wirken in die Kultur ................................................. **61**

10. Die Neuentdeckung des Glaubens ............................ **65**

11. Die Neuentdeckung des Feierns ............................... **71**

12. Die Neuentdeckung des Geistes ............................... **75**

Wie wir die Hoffnung leben ........................................ **81**

Über die Autorinnen und Autoren .............................. **85**

**Dies ist ein Brief
an die Ältesten!**
*Jer 29,1*

# EINLEITUNG

Ja, die Kirche ist in einer Krise. Allerdings: nicht zum ersten Mal. Und des Öfteren waren es genau solche Krisen, die zu einer tiefgreifenden Erneuerung der Kirche geführt haben – zum Beispiel in der Reformation. Lassen Sie uns einfach mal darauf vertrauen, dass es jetzt auch so ist.

Dieses Büchlein will Lust machen, die aktuellen Herausforderungen als Chancen zu begreifen; als Beginn eines umfassenden Kulturwandels in der Kirche, der von vielen schon seit Längerem erhofft wird.

Tatsächlich schleppt die Organisationsstruktur der Kirchen einige Altlasten mit sich herum, die sie schleunigst hinter sich lassen sollte: zum Beispiel die Fixierung auf das Pfarramt, ihre Gebäude und die tradierte Agende.

Anhand von zwölf Ermutigungen wollen wir schauen, wie es gelingen kann, eine zukunftsfähige Gestalt von Kirche nicht nur zu träumen, sondern sie konkret umzusetzen – indem wir die »heilige Unzufriedenheit«, die viele verspüren, konstruktiv werden lassen.

Entscheidend dabei ist: Wir können nicht warten, bis der riesige Tanker »Kirche« als Ganzes einen neuen Kurs einschlägt. Es braucht Graswurzelbewegungen, vielleicht sogar so etwas wie ein sakrales »Revoluzzertum«, damit neue Haltungen unsere Gemeinden und Gemeinschaften von innen heraus verändern.

Mit anderen Worten: Es braucht Sie! Es braucht dich! Es braucht uns! Nicht zufällig beginnt der Prophet Jeremia seine Ermutigungsrede an die Israeliten mit den klaren Worten: »*An die Ältesten!*« Also an die, die Verantwortung in der Kirche tragen.

Wir sind der Überzeugung: Jede und jeder einzelne Glaubende trägt Verantwortung für die Kirche der Zukunft – und schon, wenn wir das erkennen, haben wir einen entscheidenden Hebel für die Zukunft der Kirche umgelegt: von der Organisation zur Bewegung. Das heißt: Wir alle sind »*die Ältesten*«, die die Geschicke der Glaubensgemeinschaft in die Hand nehmen können.

Das Schöne dabei ist: Diese Aufforderung ist nicht nur eine Aufgabe, sondern, um es mit einem klassisch-biblischen Begriff zu bezeichnen, auch eine Berufung! Der Prophet, ja Gott selbst, traut uns zu – Ihnen, jedem von uns –, dass wir einen Unterschied machen können. Indem wir mit dem Kulturwandel beginnen. Bei uns. Was womöglich leichter ist, als wir denken.

Glücklicherweise sind viele Veränderungsprozesse in der Kirche längst im Gange: In sogenannten »Erprobungsräumen« werden seit Jahren neue Formen von christlicher Gemeinschaft ausprobiert, die Bedeutung der kirchlichen und diakonischen Gemeinschaften für den Sozialraum wird wiederentdeckt – und selbst bekennende

Atheisten merken, dass es gar so nicht schlecht ist, gesegnet zu sein. Mit anderen Worten: Es tut sich was!

Um das beispielhaft zu verdeutlichen: 2017 sollte es in einer Landeskirche zum 500. Geburtstag der Reformation eine Aktion geben: *»Wir taufen 500 Menschen am Reformationstag!«* Doch das Projekt wurde von kirchenleitenden Stellen untersagt: Das sei – so wörtlich – ein *»Missbrauch der Taufe. Eine Eventisierung des Sakraments«*. 2023, nur sechs Jahre später, fanden im Rahmen der EKD-Taufkampagne deutschlandweit Hunderte solcher Tauffeste statt. Und fast alle Beteiligten waren begeistert. So schnell kann der Wind sich drehen!

Oder: Vor nicht allzu langer Zeit wäre es in vielen Kirchen noch undenkbar gewesen, Hochzeiten außerhalb von Kirchengebäuden anzubieten (»So einen amerikanischen Kram brauchen wir nicht.«). Inzwischen werden bundesweit Pop-up-Trauungen gefeiert, bei denen Menschen an unterschiedlichsten Orten spontan einen Trausegen bekommen können. Unter einem Rosenbogen oder im Weinberg. Wie cool ist das denn?

Und während in der Corona-Zeit auf höchster akademischer Ebene diskutiert wurde, ob es theologisch legitim sei, ein Abendmahl während eines Livestreams zu feiern (wobei die Kritikerinnen und Kritiker eindeutig in der Überhand waren), hat das viele Gemeinden überhaupt nicht geschert: Sie haben es einfach gemacht. Und als zutiefst geistliche Erfahrung erlebt.

Solche Veränderungen bedeuten nicht, dass »Neuerungen« nicht auch kritisch hinterfragt werden dürften – zuallererst führt es aber vor Augen, dass selbst jahrhundertealte Traditionen erstaunlich schnell neu interpretiert werden können ... und dass vieles sich als segensreich erweist, wenn man es einfach ausprobiert: Kirche anders denken? Kirche anders leben? Geht! Machen wir's einfach!

Nebenbei: Von seinem Wesen her war das Christentum von Anfang an nach vorne gewandt. Wie soll man Jesus sonst verstehen, wenn er sagt: *»Wer die Hand an den Pflug legt und dabei zurückschaut, der taugt nicht für das Reich Gottes.«* (Lk 9,62)

Tatsächlich gehört zum christlichen Glauben eine existentielle Bereitschaft zum Aufbruch, zur Veränderung, zur Erneuerung – eben zum Blick nach vorne. Und die Bibel ist voller Geschichten, in denen Menschen noch in hohem Alter von Gott aufgefordert werden, Neuanfänge zu wagen. Warum sollte das für die »Grand Dame« Kirche nicht auch gelten?

Man könnte sogar sagen: Christinnen und Christen sind von ihrem Selbstverständnis her Avantgarde. Sie wollen ihrer Zeit voraus sein. Weil sie überzeugt sind: Das ›Reich Gottes‹, auf das sie als Glaubende hoffen, durchdringt die Welt und verändert die Gesellschaft ständig. Deshalb ist Veränderung ein Grundmerkmal der Kirche; zumindest sollte sie das sein. Eine Haltung, die die Reformatorinnen und Reformatoren in der Formel *»Ekklesia semper reformanda«* zum Ausdruck brachten (Die Kirche muss immer reformiert werden).

In der Soziologie werden motivierende Menschen gerne »Possibilisten« genannt – Frauen und Männer, die sich mit den Möglichkeiten befassen, die Wirklichkeit werden könnten; und die schon heute so leben, als sei diese Zukunft Realität. Diese Geisteshaltung gilt es in der Kirche neu zu etablieren: Lasst uns Ermöglicherinnen und Ermöglicher sein!

Sie werden beim Lesen dieses Büchleins merken, dass es uns grundsätzlich um Haltungsänderungen geht. Wobei die wesentliche Veränderung sicherlich darin besteht, die ursprüngliche Kraft des Glaubens wiederzuentdecken.

So unendlich kostbar und schön all das ist, was unsere Kirchen in den Bereichen soziales Engagement, Gemeinschaft, Kultur, Bildung oder Wertevermittlung leisten – das meiste davon können andere Anbieter auch.

Das absolute Alleinstellungsmerkmal der Kirche (und ihr wertvollster Schatz) ist und bleibt, dass sie sich um diese Dinge bemüht, weil sie vom Evangelium von Jesus Christus bewegt und getragen ist. Weil sie der Welt etwas geben kann, das ihr niemand sonst geben kann: die beglückende Botschaft von der Liebe Gottes. Das zeichnet uns aus – und genau das wollen Menschen bei uns erleben.

Zu diesem Getragen-Sein vom Glauben gehört auch, dass Christinnen und Christen Hoffnungsmenschen sind. Denn: *»Glaube ist eine feste Zuversicht auf das, was man hofft«*, wie es im Hebräerbrief heißt (11,1). Man könnte zugespitzt sogar sagen: Hoffnungslose Glaubende sind ein Paradox. Das geht überhaupt nicht!

Im Gegenzug gilt: Eine geistliche Gemeinschaft, die Hoffnung ausstrahlt und Menschen Hoffnung schenkt, wird auch Zukunft haben. Deshalb heißt dieses Buch »Zukunft und Hoffnung« – weil beides zusammengehört. Und weil wir uns wünschen, dass wir und andere die Christinnen und Christen wieder als Hoffnungsmenschen erleben.

Die zwölf Ermutigungen, die wir Ihnen präsentieren, zwölf Perspektivwechsel für die Kirche der Zukunft, sind – zur besseren Orientierung – nach Themen sortiert: Während es in den ersten drei um unser Selbstverständnis als Kirche geht, fragen wir in den darauffolgenden drei Anregungen, was solche veränderten Haltungen für unsere Gemeinden und Institutionen bedeuten. Die Ermutigungen sieben bis neun befassen sich mit dem Wirken der Glaubensgemeinschaft in der Welt, und die abschließenden drei Inspirationen laden zu einer Neuentdeckung des geistlichen Lebens ein.

Bei all dem gilt: Kirche gestalten kann und darf Spaß machen. Und das macht es auch! Und zwar richtig! Nicht nur, weil wir uns alle danach sehnen, dass »unsere Kirchen« ein Miteinander bieten, in dem wir als Individuen aufblühen und etwas von der Leidenschaft Gottes für das Leben spüren, sondern auch, weil es kaum etwas Erfüllenderes gibt als die Erfahrung, dass Träume wahr werden.

Wir freuen uns, wenn Sie bei der Lektüre des Öfteren denken: *»Hey, das könnten wir bei uns ja mal ausprobieren!«* oder *»Das inspiriert mich zu folgender konkreter Umsetzung«*, und wenn Sie als engagierter Mensch entdecken:

*»Ja, diese Kirche, meine Kirche hat Zukunft und Hoffnung. Und ich will mit dabei sein!«*

Fabian Vogt mit Svenja Neumann,
Walter Lechner und Andreas Schlamm

> Ihr werdet mich finden,
> wenn ihr mich
> von ganzem Herzen sucht.
>
> *Jer 29,13*

# 1. KIRCHE ALS SPIRITUELLE GEMEINSCHAFT

Bevor wir intensiver in die Weichenstellungen für die Kirche der Zukunft einsteigen, sollten wir uns eines klarmachen: Die meisten Dinge, um die in den aktuellen kirchlichen Reformprozessen gerungen wird, haben mit dem Evangelium von Jesus Christus nur bedingt zu tun. Sehr bedingt.

Meist geht es dabei um kulturelle Entscheidungen, die im Lauf der Jahrhunderte in bestimmten historischen Kontexten als hilfreich betrachtet wurden: der Gottesdienst am Sonntagvormittag, das Abendmahl mit Oblaten, die Orgelmusik, das Glockenläuten, die Kirchensteuer, die Einrichtung von Gemeindebezirken, die Landeskirchenämter oder die Pfarrstellenbemessungsverordnungen. All das kommt in der Bibel überhaupt nicht vor. Oha!

Insofern lohnt es sich, einen Schritt zurückzumachen und erst mal grundsätzlich zu fragen: Was ist denn eigentlich Kirche? Antwort: die Gemeinschaft der Gläubigen. Und die genannten kirchlichen Phänomene sind alle entstanden, weil man für diese Gemeinschaft einen passenden Rahmen schaffen wollte. Wohlgemerkt: einen Rahmen, der im 3., im 7. oder im 16. Jahrhundert passte, das aber in mancherlei Hinsicht heute nicht mehr tut.

Trotzdem scheint es, als ob wir uns ständig mit diesen tradierten Rahmenbedingungen beschäftigen – und dabei das Wesentliche aus dem Blick verlieren. Achtung: Wir sind eine spirituelle Gemeinschaft! Deshalb gibt es Theologinnen und Theologen, die davon reden, dass wir die Kirche wieder »auswildern« müssen: Weg mit der Patina historisch bedingter Strukturen, den Kern wiederfinden – und dann nach zeitgemäßen Formen suchen, die es uns ermöglichen, diesen herrlichen Kern heute fröhlich zu leben. Von ganzem Herzen!

Was ändert so ein Perspektivwechsel? Nun, wir schauen dann nach vorne und nicht zurück. Und wir lassen uns neu von dem großen »Warum?« (oder noch besser »Wozu?«) bestimmen, das der viel zitierte Autor Simon Sinek als Zentrum aller Veränderungsprozesse beschrieben hat. Für Kirche heißt das: Erst, wenn wir bei dem, was wir tun, bewusst fragen, »wozu« wir das eigentlich machen, werden wir zukunftsfähig; wenn wir konkret prüfen: Wie öffnet das, was wir tun, Erfahrungsräume für ein geistliches Miteinander der Menschen untereinander … und mit Gott?

Denn – wie gesagt: Das ist unser Auftrag, wenn wir Kirche gestalten: die Grundlage für eine vitale und kommunikativ auf der Höhe der Zeit agierende spirituelle

Gemeinschaft zu schaffen. Wobei es einen Unterschied macht, ob ich das latent als Idee mitdenke (was alle Kirchenleitenden zu Recht für sich beanspruchen würden) oder ob ich diese Idee tatsächlich ins Zentrum meines Denkens und Handelns stelle: Wir wollen eine starke spirituelle Gemeinschaft sein! Leidenschaftlich und einladend.

Was braucht es zum Beispiel, damit mein Presbyterium für mich zu einer spirituellen Gemeinschaft wird? Spielt die Dimension Gottes in unseren Entscheidungsprozessen eigentlich eine tragende Rollen oder agieren wir bisweilen so, als hinge die Zukunft unserer Kirche allein von uns ab? Und: Erleben Menschen, die in unsere Gemeinden kommen, dass ihr spiritueller »Hunger« gestillt wird? Klar ist: Wenn wir bei allen Angeboten deren beziehungsstiftenden Nährwert ins Zentrum stellen, wird das unsere Kultur nachhaltig verändern.

Der Gedanke der spirituellen Gemeinschaft hebelt auch die so manches hemmende Hierarchisierung unserer Kirche aus. Weil es in einer echten Gemeinschaft kein Oben oder Unten gibt. Und seien wir ehrlich: Nur weil jemand Theologie studiert hat, ist sie oder er doch kein besserer Glaubender. Mehr noch: Gerade wenn wir die Idee der Glaubensgemeinschaft hochhalten, werten wir das Individuum auf. Wir nehmen dann die und den Einzelnen und ihre Beiträge zum Miteinander ernst und fördern sie. Dafür entwickelt Paulus das Bild vom Leib Christi, in dem alle Glaubenden unverzichtbare Körperteile sind, die ihren Teil zum Ganzen beitragen. (1. Kor 12) Also: Organismus statt Organisation!

Ähnlich hat Martin Luther argumentiert, als er vom »Priestertum aller Gläubigen« sprach: Alle Menschen sind vor Gott in ihrem Glauben gleichwertig. Was in unseren Kirchenordnungen schon dadurch massiv konterkariert wird, dass nur offiziell eingesetzte Personen predigen, taufen, beerdigen oder Abendmahl austeilen dürfen. Da braucht es niederschwellige Zugänge.

Vor allem aber holt das Erleben der »Kirche als spiritueller Gemeinschaft« die Glaubenden aus der Konsumentenrolle heraus und lädt sie zur Teilhabe ein: »*Du bist eingeladen, die Kirche zu gestalten.*« Das macht den Unterschied zwischen »*Du bist Kirchenmitglied*« und »*Du bist Kirche*«. Wobei Zweiteres auch heißt: Wenn du in einen Gottesdienst gehst, dann bist du nicht Gast, sondern immer auch Gastgeberin oder Gastgeber. Klingt gut!

Können Sie sich das vorstellen? Eine Kirche, in der sich alle als aktiv Teilhabende verstehen? Wirklich alle! Gleichberechtigt! Eine solche Kirche überdenkt nicht nur ihre Leitungsstrukturen, sie fördert und bevollmächtigt auch freiwillig Engagierte, wo es nur geht, und gibt ihnen die nötigen Freiräume, um selbst Kirche sein zu können.

Für Paulus und Luther war klar: So ein Miteinander funktioniert, wenn Jesus Christus das Haupt des »Leibes« ist. Wenn es nicht irgendeine, sondern eine geistliche Gemeinschaft ist, die gemeinsam an den Formen ihres spirituellen Miteinanders arbeitet – und sich deshalb in ihnen auch wiederfindet. »*Du bist Kirche!*« und »*Du kannst und darfst sie gestalten.*« Das ist das Fundament für Veränderung.

*Kirche, die sich wirklich als spirituelle Gemeinschaft versteht, ist nach vorne orientiert und setzt das Potential jedes Mitglieds frei: So entsteht Zukunft.*

> Ich will eure
> Gefangenschaft wenden.
>
> *Jer 29,14*

## 2. KIRCHE ALS BEWEGUNG

Die Konsequenz aus der ersten Ermutigung ist, dass sich Glaubende in einer spirituellen Gemeinschaft nicht mehr als »Gegenüber« ihrer Kirche empfinden – für die sie sich entscheiden, entschuldigen oder rechtfertigen müssen –, sondern als Teil einer sozialen Bewegung, eines Kollektivs, in dem sie eine tragende Rolle spielen. Wie gesagt: Sie sind Kirche! Du bist Kirche! Wir sind Kirche!

In der Soziologie wird diese Erfahrung als »Kollektive Identität« (»Collective Identity«) bezeichnet und meint ein tief empfundenes »Wir-Gefühl«, eine Verbundenheit, die durch charakteristische Merkmale gekennzeichnet ist und die sich von der anderer Kollektive erkennbar unterscheidet; mit dem stolzen Bewusstsein: Ich gehöre dazu!

Das markanteste Merkmal einer solchen Bewegung ist, dass sich die Mitglieder durch ein gemeinsames Ziel verbunden wissen – wobei es meist darum geht, einen gesellschaftlichen Wandel herbeizuführen. Genau das macht deutlich, warum es so wichtig ist, dass sich Christinnen und Christen wieder auf das ursprüngliche Anliegen der Kirche besinnen: Wir wollen eine geistliche

Gemeinschaft sein, die die Welt mit der Liebe Gottes verändert.

Das Schöne ist: Frauen und Männer, die sich als Teil einer Bewegung verstehen, entwickeln bei ihrem Engagement schnell eine hohe Motivation. Weil sie wissen: *»Ich bin Teil von etwas Wesentlichem!«* Sie merken nicht nur *»ICH mache in meiner Gemeinschaft einen Unterschied«* – wie in Ermutigung eins dargestellt –, sondern auch *»WIR machen in unserer Gesellschaft einen Unterschied«*.

Ein Miteinander, das von solch einem Selbstbewusstsein getragen wird (*»Wir sind Teil von Gottes großer Geschichte mit dieser Welt. Wir können etwas verändern.«*) dreht sich nicht nur um sich selbst und seinen Selbsterhalt, sondern wird zu einer Bewegung, die (vom Ziel motiviert) alles dafür tut, um seine Angebote zu optimieren.

Dazu kommt – und das ist beflügelnd: Wer in einer Bewegung von einem lohnenswerten Ziel inspiriert wird (in der Kirche von der Idee: *»Wir wollen Gottes Liebe feiern und in dieser Welt zum Blühen bringen.«*), der ist bei seinen Entscheidungen nicht von der Angst, sondern von der Hoffnung bestimmt. Und allein das würde in vielen unserer Gremien viel ändern: wenn die Prozesse dort nicht von Angst, sondern von Hoffnung geprägt wären.

Ermutigend ist: Die Konzentration einer Bewegung auf ihr Ziel sorgt dafür, dass sie sich nicht über äußere Formen und Tradition definiert, sondern selbstkritisch prüft, ob ihre aktuelle Ausprägung noch die Voraussetzungen zum Erreichen dieser Ziele bietet oder ob diese nicht anders besser erreicht werden könnten.

Bewegungen sind vom Wesen her flexibel. Weil sie eben von inneren Werten und Haltungen bestimmt sind anstatt von Strukturen. Wobei zu dieser Flexibilität immer auch eine Portion Experimentierfreude gehört: das Vergnügen daran, neue Wege zu erkunden. Was Menschen besonders gerne tun, wenn sie erleben, dass in ihrer Gemeinschaft insgesamt ein Klima des Aufbruchs herrscht. *»Lasst uns was probieren und dann evaluieren. Wenn es sich bewährt: klasse! Wenn nicht: Probieren wir halt was anderes.«*

Letztlich verbirgt sich hinter diesem Ansatz das in der Wirtschaft erprobte Prinzip des »agilen Mindsets«. Agiles Mindset meint, dass Fortschritte beim Erreichen der Ziele regelmäßig überprüft werden, damit das Vorgehen gegebenenfalls angepasst werden kann. Solche Optimierungsprozesse sind für Bewegungen selbstverständlich – in der Kirche kommen sie bislang nur selten vor.

Für eine Bewegung ist es übrigens auch kein Problem, wenn ihre Ziele auf ganz unterschiedliche Weise erreicht werden. Ein Phänomen, das in der anglikanischen Kirche gerne mit dem Begriff »Mixed Economy« oder »Mixed Ecology« bezeichnet wird. Orgelmusik, Flötenkreis und Power-Lobpreis: Das sind doch keine Konkurrenten oder einander ausschließende, sondern einander ergänzende Gestaltungsformen: Alles drei kann unterschiedlichen Zielgruppen helfen, die von der Bewegung vertretenen Überzeugungen zu erleben. Ja: Ein Gottesdienst mit klassischer Agende ist genauso geistlich wie ein schriller Jugendgottesdienst oder eine Taizé-Andacht in der U-Bahn ... und die Pfarrerin im Talar ist nicht würdiger als der Prädikant oder die Ehrenamtliche in zerrissenen Jeans. Es geht vor allem darum, ob die Menschen spüren, dass hier jemand mit ganzem Herzen bei der Sache ist?

Entscheidend ist jeweils die selbstverständliche Evaluierung: Was tragen unsere aktuellen Formen zu den Kernanliegen unserer Bewegung bei? Wem helfen sie beim Erreichen unserer Ziele? Und: Wie vital erweist sich unsere Gemeinde bei ihren Angeboten? Sprich: Inwieweit tragen die aktuellen Strukturen dazu bei, dass sich die Werte der Bewegung entfalten können?

Nebenbei: Es wird oft gesagt, dass sich die frühe Christenheit vor allem als Erzählgemeinschaft definiert hat. Das ist bedeutsam, weil die Menschen einander damals nicht nur ihre persönlichen Geschichten erzählt haben, sondern vor allem die großen geistlichen Geschichten, durch die sie sich verbunden fühlten.

Der Philosoph Yuval Harari ist sogar überzeugt: Ein echtes Wir-Gefühl braucht zuallererst starke Narrative, in denen Menschen sich der Werte versichern, die sie verbinden. Recht hat er! Beruhigend dabei ist: Es gibt kaum eine faszinierendere Sammlung von Narrativen als die Bibel. Und: Wer einmal Teil einer Bewegung war, weiß, wie großartig es ist dazuzugehören. Bewegen wir uns!

*Kirche, die zur Bewegung wird, entwickelt ein gesundes Wir-Gefühl und die Flexibilität, regelmäßig neue Schritte zu wagen: So entsteht Hoffnung.*

»Ich bin zuversichtlich. Weil sich Menschen nach einer Berührung Gottes sehnen. ›Ich habe wieder gelernt zu glauben‹: Dieser Satz hat mich tief bewegt in einer Zeit, in der Kirche feststeckt zwischen dem wehmütigen Blick auf bessere Tage und dem unbekannten Weg ins Morgen. Die aufrichtige Suche nach Gott ist gesegnet – wie auch immer sie aussieht.«

*Karin Großmann, Pfarrerin der Evangelischen Studierendengemeinde Dresden*

Gründet Familien
und zeugt Kinder.
*Jer 29,6*

# 3. KIRCHE ALS START-UP

Das Verblüffende bei den vielen Reformprozessen der evangelischen Landeskirchen ist: Sie werden von der Basis überwiegend als organisatorische und nicht als inhaltliche, geschweige denn als geistliche Prozesse erlebt. Um es sehr pointiert auszudrücken: Fast alle Zukunftsansätze scheinen nach dem Muster zu arbeiten *»Wie können wir demnächst mit weniger Personal, weniger Geld und weniger Gebäuden das weitermachen ... was jetzt auch nicht funktioniert?«* Sensationell, oder?

Anstatt die massiven Umbruchzeiten zum Anlass für eine Rundumerneuerung (oder gar einen Aufbruch) zu nutzen, wird versucht, die in vielerlei Hinsicht überholten Formen der Kirche strukturell am Leben zu erhalten. Da erstaunt es nicht, dass viele Gemeindeglieder ein wenig ratlos in die Zukunft schauen und überhaupt nicht wissen, was sie denn jetzt machen sollen.

Vermutlich, weil sie eines vorhersehen: Das Einrichten von Kooperations- oder Nachbarschaftsräumen (das Zusammenfügen von Gemeinden zu größeren Einheiten) beantwortet nicht wirklich die Fragen, mit denen die Kirche ringt. Es versucht nur, das Gewohnte effektiver zu gestalten. Konkret bedeutet das: Anstatt nur *im* System weiterzuwurschteln, sollten wir *am* System arbeiten.

Nun zeigt sich aber: Da, wo der (im Kern weiter von der Vergangenheit) bestimmte Reformansatz durch Innovationsbereitschaft ersetzt wird, entsteht eine mitreißende Start-up-Mentalität; und Start-ups werden ja vor allem mit flachen Hierarchien, schnellen Prozessen und kurzen Feedback-Zyklen in Verbindung gebracht (was wir in Ermutigung eins und zwei schon als segensreich für innovative Kirchen kennengelernt haben).

Vor allem aber zeichnen sich Start-ups in ihren Teams durch den Unternehmergeist aus, der dort herrscht. Getreu dem biblischen Motto: *»Gedenkt nicht an das Frühere und achtet nicht auf das Vorige! Denn siehe, ich will ein Neues schaffen.«* (Jes 43,18) Übrigens meint das Wort »Start-up« im Englischen »etwas in Gang setzen«. Was für Kirche ja nie falsch sein kann.

Für Menschen mit Unternehmergeist, die transformativ denken (also: Veränderung und Weiterentwicklung nicht als Bedrohung, sondern als Bereicherung ansehen), geht es (wie in einer Bewegung) darum, die Prozesse von den Zielen her zu denken – und das mit Freude an neuen Ausdrucksformen: *»Lasst uns Kirche doch mal ganz anders denken.«*

Um das herunterzubrechen: Wenn eine Gemeinde ihre Gottesdienste abends um 21 Uhr in der Kneipe feiert, ihr Gemeindehaus tagsüber als Co-Working-Space zur Verfügung stellt, einen Exit-Room zur nächsten Predigt entwickelt, eine Hauptamtliche für die Begleitung der Freiwilligen einstellt, den von der Schließung bedrohten Kiosk am Marktplatz übernimmt oder jeden Mittwoch die Mitarbeitenden des Autozulieferers um sechs Uhr zum Auftanken einlädt, dann beweist sie Unternehmergeist.

Vor allem dann, wenn sie diese Angebote nicht als Add-ons, also als zusätzliche Termine präsentiert, sondern für den Kneipengottesdienst den »normalen« Gottesdienst ausfallen lässt: Es findet ja ein Gottesdienst statt ... nur eben »Im Löwen«. Zu echtem Unternehmergeist, der »Innovationen« fördern will, gehört deshalb auch ein Gefühl für »Exnovation« – für das, was man lassen will. Wozu wir an dieser Stelle ausdrücklich ermutigen: Wer Kirche nach vorne bringen will, sollte nicht mehr machen, sondern das Richtige. Und wer Neues wagen will, muss dafür Altes lassen: Keine Innovation ohne Exnovation. Allein, um für das Neue Energie zu haben. Eine Haltung, die schon die Mystiker kannten: »Gelassenheit«: »Gelassen« ist derjenige, der alles lässt, was ihn vom Wesentlichen ablenkt.

Die deutsche Fresh-X-Bewegung (nach dem anglikanischen Konzept der »Fresh Expressions of Church« = frische Ausdrucksformen von Kirche) beweist seit Längerem Unternehmergeist, weil sie es wagt, Kirche neu von den vielfältigen Lebenswelten her zu denken ... und weil sie – wie Unternehmer – als Erstes fragt: Was braucht denn meine Zielgruppe? Womit kann ich den Menschen in meiner Umgebung etwas Gutes tun?

Das bedeutet: Zu einer Start-up-Mentalität gehört auch die »Marktanalyse« – in unseren Institutionen würden wir wohl eher sagen: das Hinhören. Das Zuhören. Das Nachhaken. Um dann zu entdecken, dass das ohnehin eine Grundlage des Glaubens ist: Er nimmt die Bedürfnisse der Menschen wahr? Getreu der Frage Jesu: *»Was willst du, was ich für dich tun soll?«* (Mk 10,51)

Dabei zeigt die Erfahrung: Während es meist mühsam ist, für klassische Aufgabenfelder Ehrenamtliche zu gewinnen, engagieren sich Menschen gerne, wenn sie spüren: »Hier wird etwas für unseren Ort getan.« (Siehe dazu 7.) Menschen spüren, wenn sie nur den kirchlichen Laden am Laufen halten sollen. Aber selbst Frauen und Männer, die sich gar nicht als Christinnen oder Christen bezeichnen würden, lassen sich motivieren, wenn ein Projekt eine diakonische Dimension hat, die die Lebensqualität fördert.

Studien haben zudem gezeigt: Fast immer erleben Menschen, wie gut es tut, zu einer geistlichen Gemeinschaft zu gehören, bevor sie auch den dazugehörigen Glauben für sich entdecken. Im Englischen wird dieses Phänomen mit den Worten *»Belonging before believing«* bezeichnet: *»Dazugehören kommt vor Glauben.«* Das heißt: Da, wo wir als Start-up-Kirche attraktive und passende Angebote zur Gemeinschaftsstiftung machen, entsteht auch ein Klima für geistliche Gemeinschaft.

*Kirche, die wie ein Start-up Unternehmergeist entwickelt, fängt an, fantasievoll und von den Menschen her zu denken: So entsteht Innovation.*

> Ich will mein gnädiges Wort
> an euch erfüllen.
> *Jer 29,10*

# 4. PROFILIERTE GEMEINDEN

Eigentlich könnte man meinen, dass Kirchengemeinden im akademisch geprägten Speckgürtel einer Großstadt ein anderes Profil hätten als die von Winzerorten in ländlicher Umgebung oder in familiengeprägten Neubaugebieten. Tatsache ist aber: Ganz unabhängig vom sozialen Umfeld wird zumindest überall der gleiche agendarische Gottesdienst gefeiert. Warum eigentlich?

Zumindest ist das weder biblisch noch historisch begründbar. Paulus schreibt im 1. Korintherbrief: *»Wenn ihr zusammenkommt, dann hat jede und jeder was beizutragen.«* (1. Kor 14,26) Sprich: Die geistliche Gemeinschaft wird im Neuen Testament auffallend von den jeweils vor Ort vorhandenen »Mitbringseln« geprägt. Und als Martin Luther seine »Deutsche Messe« veröffentlichte, war es ihm wichtig, im Vorwort darauf hinzuweisen, dass er hier nur ein exemplarisches Beispiel liefern wolle, das auf keinen Fall als Maßstab für alle gelten solle.

Es geht aber noch weiter. Im »Augsburger Bekenntnis«, der 1530 veröffentlichten Grundschrift des Protestantismus, wird festgelegt: Kirche ist die *»Versammlung aller Gläubigen, bei welchen das Evangelium rein gepredigt und* *die heiligen Sakramente dem Evangelium gemäß gereicht werden.«* Eine gute Theologie und ein verantwortungsvoller Umgang mit Taufe und Abendmahl sind entscheidend: klar! Mehr wird aber nicht gefordert.

Den Autoren ist es sogar wichtig zu erwähnen*: »Dieses ist genug zu wahrer Einigkeit der christlichen Kirche, es ist nicht nötig, dass allenthalben gleichförmige Zeremonien, von den Menschen eingesetzt, gehalten werden.«* Das heißt: Unser evangelisches Basis-Bekenntnis betont ausdrücklich, dass es keine einheitlichen Agenden und Formen braucht. Haben wir wohl überlesen!

Wobei: Grundsätzlich ist ja gar nichts gegen einen gewissen Wiedererkennungswert zu sagen, aber die in den letzten Jahrhunderten entstandene Uniformität unserer Angebote hat zu einer derartigen Gleichförmigkeit und Erwartbarkeit des Gottesdienstes und der Gemeinde geführt, dass für Kreativität und Unerwartetes erst mal neu Raum geschaffen werden muss. Auch und vor allem in unseren Köpfen.

Das Beruhigende ist: Es geht! Gemeinden können ein eigenes Profil entwickeln, in dem sie sich nicht nur in Nuancen von den anderen unterscheiden, sondern in dem sie ihre lokalen Stärken entfalten. In dem sie von der 08/15-Gemeinde zu einem echten »Fingerabdruck« ihres Sozialraums werden. Zu einer Gemeinde, die nicht mehr alles, aber das lokal wirklich Wichtige macht.

Worin sich eine derartige Veränderung des Blickwinkels zeigt, macht vielleicht folgende Anekdote deutlich: Eine Kirchenvorsteherin erzählte stolz, dass in ihrer

Gemeinde ab und an drei professionelle Tänzer aus dem Staatsballett im Gottesdienst seien. Auf die Reaktion *»Toll! Und wie oft tanzen die im Gottesdienst?«* gab es nur verständnislose Blicke. In einer profilierten Gemeinde würde man dagegen ganz nach Paulus sagen: *»Wow, lass die doch mit dem, was ihre Sprache ist, nämlich dem Tanz, erzählen, was der Glaube oder ein Bibeltext für sie bedeuten.«* Vielleicht würde dadurch eine Gemeinde entstehen, in der sich Künstlerinnen und Künstler besonders wohlfühlen und dann ihrerseits ihre vielfältigen Begabungen einbringen: Schauspiel, Pantomime, Malerei, Grafik, Fotografie und vieles andere. Sie verstehen, was wir damit sagen wollen.

Profilierte Gemeinden fragen nicht nur, was die Menschen in ihrem sozialen Umfeld brauchen, sie sorgen auch dafür, dass die Mitglieder mit ihren Fähigkeiten die Gemeinde prägen und eben »profilieren« dürfen. Kleine Warnung: Solch ein Profil kann sich durch Umzüge markanter Personen ganz flott ändern, so dass die Schwerpunkte womöglich in einem Jahr wieder völlig anders aussehen. Na und?

Bislang macht der Gedanke *»Oh, in unserer Kirche soll es nach der Bildung des Nachbarschaftsraums nicht mehr jeden Sonntag einen klassischen Gottesdienst geben«* vielen noch Angst. Das sollte es nicht! Denn diese Entwicklung ist eine fantastische Gelegenheit, endlich mal neue Gottesdienstformate (z. B. ohne Pfarrperson) zu entwerfen, die die Seele und die Sehnsüchte der Menschen vor Ort widerspiegeln. Do-it-yourself-Church sozusagen.

Ähnliches gilt auch für die sonstigen Gemeindeangebote: Muss jede Gemeinde einen Seniorenkreis haben, der (pointiert gesagt) Kuchen isst und Dias guckt? Vielleicht möchten die »fidelen Alten« ja lieber zusammen tanzen, wandern, kochen, Rumänisch lernen oder Netflix gucken. Auch hier gilt: Sie ahnen, worum es uns geht. Brechen Sie die Gleichförmigkeit der Gemeinden auf, indem Sie nicht Menschen für die Angebote suchen, sondern passende Angebote für »Ihre« Menschen machen. Und wenn Sie feststellen, dass der Konfirmandenunterricht auch im Rahmen einer Freizeit in der Toskana stattfinden kann: Warum nicht? (Nebenbei: Gibt's schon!)

Das Argument gegen Profilierung ist meist: Wenn wir nur Kneipengottesdienste machen, kommt auch nur eine bestimmte Zielgruppe. Stimmt. Aber das ist beim klassischen Gottesdienst genauso. Und vermutlich kommen viel mehr Leute, wenn sie entdecken: Die Gemeinden in unserem Ortsteil streben gemeinsam nach Vielfalt. Sie lieben Kreativität und lassen sich was speziell für mich einfallen. Wieder nach Paulus: *»Ich habe mich für alle zum Sklaven gemacht* (ihren Bedürfnissen untergeordnet)*, um möglichst viele zu gewinnen. Den Juden bin ich ein Jude geworden, den Griechen ein Grieche, den Gesetzlosen ein Gesetzloser, den Schwachen ein Schwacher.«* (1. Kor 9,20–22) Das ist Einsatz!

*Gemeinden, die den Mut haben, ein eigenes Profil zu entwickeln, können zu einer Antwort auf die Fragen der Menschen werden: Das zieht an!*

»Meine Hoffnung für unsere Kirche liegt im Zuhören. Ich sitze oft im Wald und höre auf die Natur, manchmal stundenlang. Und spüre: Gottes Spuren sind überall. Der besondere Zauber entfaltet sich beim Hören auf das, was nicht gesagt wird. Wenn wir lernen mit dem Herzen zu hören, wird Zukunft sichtbar. Bei den Menschen, in der Natur, in uns selbst und manchmal sogar in unseren Kirchen – wenn wir ganz still werden.«

*Janette Zimmermann ist Diakonin für spirituelle Experimentierräume in der Evangelisch-lutherischen Landeskirche Hannovers.*

**Ich habe Gedanken des Friedens
und nicht des Leides.**
*Jer 29,11*

# 5. KOOPERATIVE GEMEINDEN

*»Daran sollen die Leute erkennen, dass ihr meine Jüngerinnen und Jünger seid: dass ihr einander liebhabt.«* (Joh 13,35) Ein ziemlich starker und eindeutiger Satz. Sollte man meinen. Doch die wenigsten Gemeinden sind heute dafür bekannt, dass die Menschen dort besonders liebevoll miteinander umgehen. Was zu römischen Zeiten noch anders war. Da hatten die Christinnen und Christen nämlich den frechen Spitznamen: *»Das sind die, die einander so liebhaben.«* War verhohnepipelnd gemeint, wäre aber inzwischen ein Ehrentitel. Finden wir jedenfalls.

Nicht nur, dass innerhalb unserer Gemeinden oftmals nicht weniger lieblos miteinander umgegangen wird als im Rest der Welt, auch der Ton zwischen den Gemeinden und Institutionen erweist sich gelegentlich als ziemlich rau – oder zumindest allzu oft eher von Misstrauen, Distanz, Neid oder Respektlosigkeit geprägt als von herausragender Wärme und Sympathie. Da muss sich niemand wundern, wenn unsere Gemeinschaften auch nicht als attraktiv wahrgenommen werden. Streiten kann man woanders mindestens genauso leidenschaftlich.

Deshalb werden ein liebevoller Umgang und echte Kooperation Schlüsselfaktoren für die Kirche der Zukunft werden. Und zwar auf allen Ebenen: innerhalb der eigenen Gemeinschaft, zwischen den Gemeinschaften, zwischen Gemeinden und ihrem jeweiligen Sozialraum, zwischen Gemeinden und ihren Landeskirchen oder Bünden und zwischen den Gemeinden und der Weltkirche. Schon deshalb, weil es einen Unterschied macht, ob Christinnen und Christen immer nur im Saft der eigenen Bubble schmoren oder ob sie sich als Teil der regionalen, überregionalen und weltweiten Christenheit empfinden und erleben.

Ein entscheidender Wechsel dabei wird der von »*Ich will hier alles allein machen*« zu »*Wir brauchen einander*« sein. Denn so ist es: Wir brauchen einander! Und je eher christliche Gemeinschaften entdecken, dass es das »WIR« nicht kleiner, sondern größer macht, wenn Menschen (im Sinne einer Bewegung) zusammenarbeiten, desto besser ist es. Gilt übrigens auch für Pfarrerinnen und Pfarrer – die ja jahrzehntelang vor allem zur Solokünstlerin oder zum Solokünstler ausgebildet wurden.

Gerade die überall an- und entstehenden »Nachbarschaftsräume« sind in diesem Sinne (selbst wenn sie aus finanziellen Erwägungen und nicht intrinsisch motiviert zustande kommen) gute Gelegenheiten, um so eine Einstellung in Bezug auf das Verhältnis der Gemeinden untereinander voranzubringen – verbunden mit der Ermutigung zur Profilierung.

Es braucht in Kooperationsräumen nicht jeden Sonntagmorgen in jeder Kirche einen agendarischen Gottesdienst! Warum nicht in jeder Kirche was ganz anderes anbieten: ein Talkformat mit spannenden Gästen, die auch über ihren Glauben reden, ein Segensangebot mit spirituellem Erlebnischarakter oder ein großer Familien-Brunch, in dem ein aktuelles Thema vorgestellt und dann an den Tischen weitergedacht wird. Das sind alles Gottesdienste. Und manches davon kommt dem, was in der Urgemeinde gefeiert wurde, deutlich näher als das, was wir heute an liturgischen Formaten abhalten.

Diese Diversifizierung, also »In-vielfältiger-Weise-Umsetzung« von Gemeinde-Ideen, lässt sich natürlich in allen Bereichen angehen: Die einen machen zur Fußball-WM Public Viewing im Biergarten, die anderen haben einen großartigen Gospelchor, die Dritten bieten ganz unterschiedliche Hauskreise an, und die Vierten kümmern sich um soziale Projekte. Das ist doch keine Konkurrenz, das ergänzt sich. Und es hilft, endlich die lähmenden Gemeinde-Grenzen zu überwinden. Kirche ist kein Kuschel-Club, sondern eine Beziehungsgemeinschaft. Und zwar eine offene. Auch für die Nachbargemeinde.

Natürlich funktioniert das alles nur, wenn ich *»die anderen«* nicht als *»die anderen«* betrachte, sondern als *»Teil des Leibs Christi«*, wenn ich sie als Gewinn betrachte – für das Christentum, für unseren Ort, für diese Welt; vor allem dann, wenn ihre Form der Gemeindearbeit oder ihre Theologie von meiner abweicht. Kirche der Zukunft wird es nur geben, wenn wir Vielfalt als Gewinn verstehen. Wir schreiben das noch mal, weil es so wichtig ist: Kirche der Zukunft wird es nur geben, wenn wir Vielfalt als Gewinn verstehen. Und nur da, wo dem so ist, wird sich ein Geist der Kooperation entwickeln, ein Geist der Liebe. Regiolokal vernetzte Gemeinden teilen Ideen, setzen Ressourcen gemeinsam ein und freuen sich an den Stärken der anderen. Sie stehen nicht im Wettbewerb, sondern streben nach einer Vielfalt von Entfaltungsmöglichkeiten.

Es geht sogar noch weiter: Da, wo Menschen Unterschiede als Möglichkeiten zur Inspiration entdecken und die oder den anderen als kostbaren Teil eines größeren Ganzen sehen können, ändert sich der Umgangston greifbar. Es entsteht ein Klima der Wertschätzung, der Ermutigung und der Auferbauung; ja, sogar des Respekts. Und nur, wenn ich Respekt vor dem anderen habe, habe ich auch keine Scheu, seine Veranstaltungen in meinem Gemeindebrief mit Verve anzukünden.

Übrigens haben wir so einen Klimawandel aus vielen Gründen bitter nötig: Unter kaum etwas leiden Menschen, gerade Ehrenamtliche, in den Gemeinden mehr als unter mangelnder Anerkennung. Jeder nimmt es als selbstverständlich hin, dass Greta und Maike seit zwölf Jahren den Kaffee nach dem Gottesdienst kochen. Schande. Die beiden Frauen sollten regelmäßig hören und spüren, wie wertvoll ihr Beitrag für die Gemeinde ist. Weil Anerkennung die Urquelle für Kooperation bleibt: *»Wenn du mich wertschätzt, arbeite ich gerne mit dir zusammen.«*

*Kirche, die kooperativ denkt und arbeitet, sprengt Grenzen, nämlich die der eigenen Komfortzone und die des Vergleichs: Das schafft Gemeinschaft!*

**Mehrt euch,
dass ihr nicht weniger werdet.**
*Jer 29,6*

# 6. EINLADENDE GEMEINDEN

Es gibt Menschen, die mögen den Begriff »missionarisch« nicht. Müssen sie auch nicht. Aber das, was dahintersteckt – dass nämlich unsere kirchlichen Institutionen Erlebnisräume sein sollten, in denen sich auch neue Menschen herzlich willkommen geheißen fühlen und in denen sie die Gelegenheit bekommen, Teil der Gemeinschaft zu werden und mit der Liebe Gottes und der Schönheit des Glaubens in Kontakt zu kommen – das sollte für Christinnen und Christen etwas Selbstverständliches sein.

Warum? Weil Gastfreundschaft ein besonders bemerkenswerter Wesenszug Gottes ist: Die Bibel erzählt von vorne bis hinten davon, dass der Himmel die Sehnsucht danach hat, die Fremdheit zwischen ihm und den Menschen zu überwinden ... und dass Gott sich nichts sehnlicher wünscht, als unser Vertrauen zu gewinnen. Und wie hat Jesus das umgesetzt? Nun: Er war gastfreundlich ... und hat unterschiedlichsten Menschen vorgelebt, was es bedeutet, einladend zu sein.

Umso verblüffter sind bisweilen selbst langjährige Gemeindemitglieder, wenn sie tatsächlich mal versuchen, die Angebote ihrer Gemeinschaft auf deren Anschlussfähigkeit zu überprüfen. Denn siehe da: In den meisten Kirchen braucht man entweder viel Erfahrung oder ein Theologiestudium, um zum Beispiel zu kapieren, was im Gottesdienst passiert: Wann man aufstehen soll, was eine »Epistel« ist (womöglich eine Art Furunkel), warum mir jemand ungefragt einen 2000 Jahre alten Text aus einem überdimensionalen Schmöker vorliest und wer dieser Trinitatis ist, der offensichtlich vor 24 Sonntagen den Löffel abgegeben hat.

Ja, selbst die Information, dass die Zahlen an der Wand was mit dem Buch in meiner Hand zu tun haben, wird als selbstverständlich vorausgesetzt. Ist sie aber nicht. Und wenn ich dann als Gast nicht einmal weiß: *»Dauert dieses Geschehen jetzt zwanzig Minuten, zwei Stunden oder bis zum St. Nimmerleinstag«*, dann sitze ich unsicher und schwitzend in meiner Bank – und bin höchstwahrscheinlich für die geistlichen Dimensionen jenes mysteriösen Tuns nur äußerst ansatzweise erreichbar.

Das ist natürlich eine Persiflage, aber uns geht es wieder mal um eine Haltung, konkret um die Frage: Konzipieren wir das, was wir in unserer Gemeinde tun, mit einer offenen, einladenden Einstellung ... oder sind wir damit zufrieden, dass vieles eben nur für Eingeweihte verständlich ist. (Nebenbei: Der Begriff »Esoterik« bedeutet ursprünglich: ein Kult nur für Eingeweihte.)

Letztlich geht es darum, ob unser Tun verständlich und damit ansprechend daherkommt – beziehungsweise: ob wir uns Ideen einfallen lassen, wie wir den Menschen auch komplexere Dinge zugänglich machen. Ein Beispiel: Die wenigsten Menschen können in Worte fassen, warum in fast jedem landeskirchlichen Gottesdienst ein Psalm gesprochen wird. Könnten Sie das erklären? Jetzt sagen Sie bitte nicht, Sie praktizieren das Sonntag für Sonntag (oder nur gelegentlich), haben aber keine Ahnung, warum.

Nun, eine Gemeinde im Frankfurter Raum führt, um diese Lücke zu füllen, jeden Psalm mit kurzen Worten ein: »*Als Christinnen und Christen sind wir eingebettet in die große Geschichte Gottes mit seinem Volk. Seit Jahrtausenden erfahren die Menschen durch die Begegnung mit Gott Heil. Die Psalmen erzählen von diesen Erfahrungen.*« Wenn Sie anschließend den Psalm beten, werden Sie ihn anders wahrnehmen; tiefgründiger, persönlicher.

Einladende Gemeinschaften zeichnen sich aber nicht nur durch ein Gottesdienstgeschehen aus, das Gäste mitfeiern können, sondern insgesamt durch eine gastfreundliche Ausstrahlung: nette Begrüßung am Eingang, sichtbare Hinweisschilder zu den Toiletten, guten Kaffee, eine Vorstellung der Mitwirkenden und die Möglichkeit, miteinander ins Gespräch zu kommen. Entscheidend ist: Da, wo ich erlebe, dass sich eine Gruppe bemüht, mich wirklich wahrzunehmen, wird mir warm ums Herz ... und es fällt mir leicht, mich zu öffnen und persönlich zu werden.

Noch einladender ist es, wenn alle Gemeindeglieder ganz selbstverständlich Neulinge willkommen heißen – und auch in der Lage sind, gegebenenfalls über die Gemeinschaft oder ihren eigenen Glauben Auskunft zu geben. Ein großes Thema, das zurzeit in vielen Kirchen angeregt diskutiert wird: Wie können wir die Menschen wieder sprachfähig im Glauben machen, so, dass es ihnen leichtfällt, anderen von dem zu erzählen, was ihnen als Glaubenden ein echtes Herzensanliegen ist?

Zudem gehört zu einer einladenden christlichen Gemeinschaft, dass sie Gäste anregt, die Relevanz der biblischen Botschaft für ihr eigenes Dasein zu erkennen; was am besten funktioniert, wenn die Menschen in den Angeboten Themen wiederfinden, die für sie konkret und alltagsnah sind. Und die in der Ankündigung auch so klingen.

Die Krönung des Einladens besteht allerdings darin, nicht nur zu warten, bis jemand vorbeischaut, sondern selbst zu den Menschen zu gehen. Tatsächlich erleben gerade Aktionen wie »*Wir bieten auf dem Wochenmarkt nette Gespräche und Segen an*« erstaunlich positive Resonanz: »*Kirche kommt zu mir. Vielleicht statte ich ihr dann auch mal einen Gegenbesuch ab.*«

Mit anderen Worten: Lasst uns mehr »Cafédralen« bauen und selbst Kontakt aufnehmen. Und wieder gilt: Die Haltung macht's. Dann finden wir leicht genügend Ideen für die Umsetzung.

*Kirche, die die Kunst des Einladens wiederentdeckt, feiert nicht nur anders, sie strahlt auch spürbar aus: Das lässt die Gastfreundschaft aufblühen.*

»Ich habe Hoffnung für Kirche, weil ich an einen lebendigen Gott glaube, der Gemeinschaft stiftet, mit sich, unter uns Menschen und mit seiner ganzen Schöpfung: vielfältig, bunt, überraschend und ziemlich sicher anders, als wir denken.
Eine solche kleine Hoffnungsinitiative ist für mich GreifBar im Ostseeviertel in Greifswald. Ein Lichternetz aus Menschen, die im Stadtteil leben, Zeit haben, Kreativität wagen, mit Kindern lachen, Weihnachten auf dem Aldi-Parkplatz feiern, für Seelsorge die Kirche gegen das Treppenhaus im Wohnblock tauschen und Grillfeste schmeißen, die auch noch die Nachbarn satt machen. Anders und doch Kirche.«

*Anna-Lena Moselewski ist Mitarbeiterin an der CVJM-Hochschule in Kassel und forscht und lehrt zu den Themen Kirchenentwicklung, Nachhaltigkeit und missionarische Jugendarbeit.*

**Sucht der Stadt Bestes.**
*Jer 29,7*

# 7. WIRKEN IM SOZIALRAUM

Der viel zitierte Satz des Theologen und Widerstandskämpfers Dietrich Bonhoeffer *»Kirche ist nur Kirche, wenn sie für andere da ist«* wird in den vor uns liegenden Umbruchszeiten neu relevant werden. Warum? Weil noch immer gilt: *»Kirche, die nach ihrer eigenen Zukunft fragt, ist nicht Kirche. Menschen, die nach dem Evangelium fragen, sind Kirche.«* Und zum Geist des Evangeliums gehört die Überzeugung, dass Kirche sich nie selbst genug sein kann. Sprich: Selbsterhalt ist kein geistliches Kriterium. Aber Engagement für den Nächsten ist eines.

Umso beglückender ist es, dass sich viele Kirchengemeinden in den letzten Jahren verstärkt für ein gerechtes, soziales und menschenwürdiges Miteinander engagieren. Ja, mehr noch: Fast alle kirchlichen Aufbrüche, die wir zurzeit erleben, haben zumindest eine starke sozialdiakonische Komponente. Vermutlich, weil kaum etwas einladender ist als die Erfahrung: *»Diese Christinnen und Christen tragen spürbar dazu bei, dass es den Menschen in unserem Stadtteil, in unserem Ort, in unserer Region besser geht. Hier wird Glaube erfahrbar und nimmt Gestalt an.«*

Und auch das ist urbiblisch. Als Johannes der Täufer Jesus fragen lässt, woran man denn erkennen könne, dass er der verheißene »Christus« sei, da reagiert Jesus nicht mit weisen theologischen Programmen, sondern antwortet ganz schlicht: *»Geht und berichtet Johannes, was ihr hört und seht: Blinde sehen wieder und Lahme gehen; Aussätzige werden rein und Taube hören; Tote stehen auf und den Armen wird das Evangelium verkündet.«* Da, wo etwas Heilsames geschieht, da hat Gott seine Finger im Spiel. Das nimmt auch die Ortsgemeinschaft wahr.

Der gemeinsame Einsatz für die Nöte und Bedarfe der Menschen – gerade im eigenen Stadtteil – wird heute gerne mit den leicht sperrigen Begriffen »Gemeinwesenarbeit« oder »Sozialraumorientierung« bezeichnet, meint aber etwas ungemein Dynamisches und Bewegendes, ja Begeisterndes: Menschen setzen sich für Menschen ein!

Dabei zeichnet sich diese praktizierte Nächstenliebe speziell dadurch aus, dass die Gemeinden nicht einfach irgendwelche klassischen Angebote machen, sondern mit Hilfe einer Sozialraumanalyse (zu der auch intensive Gespräche mit den Leuten vor Ort gehören) herausfinden, was denn ihrem Stadtteil guttun würde. Denn vielleicht ist es gar nicht die übliche Suppenküche, sondern ein lässiges Urban-Gardening-Projekt, eine spielerische Hausaufgabenhilfe, ein Mehrgenerationen-Café, ein regelmäßiges Stadtteil-Fest, ein integratives Kulturangebot oder kollektive *»Wir reinigen unseren Park«*-Aktionen.

Dabei müssen Christinnen und Christen gar nicht immer die Initiatoren sein: Womöglich gibt es im Viertel oder im Dorf längst *»Orte und Menschen der Hoffnung«*, die nur darauf warten, dass jemand sie unterstützt. Eine der wichtigsten Perspektiven der Sozialraumarbeit ist deshalb das Arbeiten auf Augenhöhe mit Aktiven vor Ort – unter Berücksichtigung ihrer Interessen, Anliegen und Fähigkeiten. Deshalb ja auch Jeremias Einladung: *»Sucht der Stadt Bestes.«* (Jer 29,7) Oft ist es nämlich schon da!

Kirchengemeinden werden dadurch zu Partnerinnen der Ortsgemeinschaft, die erkennbar das *»Community Well-Being«* – wie das auf Neudeutsch heißt – ihres Sozialraums fördern und die alte *»Kommt halt zu uns, wenn ihr was von Gott wissen wollt«*-Mentalität hinter sich lassen. Getreu dem alten Grundsatz: Menschen, die die Liebe Gottes vorleben, sind viel überzeugender als Menschen, die nur von Gottes Liebe erzählen.

Darüber hinaus verändert eine funktionierende Gemeinwesen-Orientierung oftmals die theologische Sichtweisen einer Kirchengemeinde: Während Engagierte früher bei diakonischen Aktionen zuweilen das Gefühl hatten *»Wir bringen die Liebe Gottes zu den Menschen«*, bestimmt heute eine wesentlich offenere Perspektive das Handeln: *»Die Liebe Gottes ist längst bei den Menschen. Wir versuchen, sie mit ihnen zu entdecken.«* Eine Einstellung, die das Kirchenbild insgesamt inspirieren kann: Wir sind nicht die Hüter des Evangeliums, sondern eingeladen, die Spuren Gottes in allem und mit allen zu suchen.

Gemeinden, die sich auf Sozialraumorientierung einlassen, nehmen ihre Umgebung mit neuen Augen wahr. Sie lassen sich auf den *»Soundtrack ihres Viertels beziehungsweise ihres Ortes«* ein ... und erleben das Evangelium nicht nur als eine Erweiterung oder heilige Ergänzung der Realität, sondern als eine genuin in Gottes Schöpfung angelegte Dimension. Eben das *»Reich Gottes«,* das – wie Jesus es formuliert – nach und nach alles durchdringt wie ein Sauerteig das Mehl.

Kirche ist dann nicht mehr das Geschehen in einem Kirchengebäude, sondern eine Entdeckergemeinschaft, die mitten in der Welt dem Geheimnis des Glaubens nachspürt. Ein geistliches Miteinander, das zugleich in der Welt verwurzelt ist.

Schon Jeremia ermutigt die gebeutelten Israeliten im Exil dazu, sich in Krisenzeiten nicht zurückzuziehen und einen vermeintlichen Hort der Rechtgläubigen zu bilden, sondern zu zeigen und zu erleben, wie und warum dieser Glauben lebensstiftend ist. Denn das dürfen wir bei aller Freude über die Entwicklung des Sozialraums nicht vergessen: Die Orientierung an den Menschen tut auch der Glaubensgemeinschaft unendlich gut.

*Kirche, die im Sozialraum wirksam wird, entdeckt ihren Glauben als eine konkret lebensverändernde Kraft: So entfaltet sich spürbar Segen.*

**Pflanzt Gärten
und esst ihre Früchte.**
*Jer 29,5*

# 8. WIRKEN IN DER GESELLSCHAFT

Es gibt eine alte Diskussion, wie das Christentum mit der es umgebenden Kultur umgehen soll: Darf und soll es sich der herrschenden Kultur anpassen, soll es sie verändern, oder soll es den Menschen bewusst eine Gegenkultur anbieten? Loggen Sie bitte ein: Alles drei!

Jesus hat sich ganz klar den kulturellen Gepflogenheiten seiner Zeit angepasst und zum Beispiel begeistert Gleichnisse erzählt, die mitten in der Lebens- und Erfahrungswelt der Menschen spielten. Er hat sich zum Mitfeiern und Mitleben in die Häuser einladen lassen und er hat selbstverständlich in den Synagogen seiner Zeit gelehrt.

Er hat aber auch ganz bewusst die Kultur seiner Zeit verändert, indem er unter anderem bestimmte Fastenzeiten nicht eingehalten hat oder mit den bekannten Sätzen »*Euch ist gesagt, ich aber sage euch*« in der Bergpredigt lange tradierte Werte und Vorstellungen der Menschen erstaunlich neu interpretiert hat.

Und er hat sich in manchen Situationen bewusst mit seinen Jüngerinnen und Jüngern zurückgezogen, gebetet oder Abendmahl gefeiert; ein bis dahin nicht bekannter Brauch für die Begegnung untereinander und mit Gott. Wir sehen: Schon zu Jesu Zeiten galt: »*Alles zu seiner Zeit – und am richtigen Ort.*«

Heute erleben wir immer wieder Gemeinden, bei denen eine der Umgangsweisen mit der Kultur deutlich stärker betont wird als die anderen. Da wird entweder versucht – und jetzt gebrauchen wir mal dieses garstige Wort –, ganz dem »Zeitgeist« zu entsprechen oder aber die Kirche vor allem als politische Institution zu verstehen oder aber sich in einer geistlichen Parallelwelt einzurichten und beispielsweise im Lobpreis der Wirklichkeit zu entfliehen.

Noch mal: Wenn wir das Verhalten Jesu betrachten, dann gehört zu einer gesunden geistlichen Gemeinschaft eine ausgewogene Kombination dieser drei Ansätze. Sie ergänzen einander ... und jede Kirche, die eine oder zwei dieser Lebensperspektiven vernachlässigt, beraubt sich einer wesentlichen Säule des Glaubens, des »*Lebens in Fülle*«, das Jesus verheißungsvoll verkündet.

In diesem Kapitel geht es speziell um die gesellschaftspolitischen Herausforderungen der Kirchen und Gemeinden, die natürlich vom Klimawandel, der spürbaren Radikalisierung in der Gesellschaft und den sozialen Herausforderungen nicht nur genauso betroffen sind wie alle anderen, sondern auch im Umgang damit als Christinnen und Christen erkennbar werden sollten.

Nicht nur, weil sie von Gott eingeladen sind, »*die Erde zu bebauen und zu bewahren*« (Gen 2,15), sondern auch, weil andere natürlich mitbekommen, ob sich unser Glaube in unserem Verhalten widerspiegelt.

Tatsächlich berichtet eine berühmte Anekdote aus der Kirchengeschichte, dass einmal eine schwere Seuche in Rom wütete – die sogar die damalige Ärzte- und Pflegerschaft zur Flucht trieb. Nur die Christinnen und Christen blieben freiwillig zurück und kümmerten sich hingebungsvoll um die Kranken. Eine Aktion, die, so erzählen es die Quellen, der Kirche einen enormen Zulauf bescherte. Das war Mission durch Aktion.

Woran wird in unserem Verhalten, unserem gesellschaftlichen Engagement und den Aktionen unserer Kirchen und Gemeinden unser Glaube erkennbar? Sind wir die Ersten, die ihre Kirchendächer mit Solarzellen bestücken, oder fährt die gesamte Gemeinde im Schnitt 600 Meter mit dem Auto zum Gottesdienst? Sind wir da, wenn Menschen womöglich ihre Heizkosten nicht mehr bezahlen können? Erheben wir unsere Stimme, wenn irgendwo Menschenrechte mit Füßen getreten werden? Setzen wir uns für den Frieden ein? Beten wir für die Probleme derer, die leiden? Und schaffen wir Verständigungsorte, an denen zerstrittene Parteien üben können, wieder respektvoll und produktiv miteinander zu reden?

Christinnen und Christen, die keinerlei gesellschaftliche oder politische Verantwortung wahrnehmen, werden zu Recht hinterfragt: »*Warum soll ich glauben, wenn euch der Zustand der Welt egal ist? Und sagt mir bitte nicht, es ginge nur ums Seelenheil.*« Wie auch bei den anderen Ermutigungen gilt: Diese Beispiele dienen vor allem dazu, ein Prinzip zu verdeutlichen.

Manchmal genügt schon ein Blick in den Gemeindebrief oder den Newsletter einer Kirchengemeinde (oder einer diakonischen Einrichtung), um zu sehen, welche Rolle gesellschaftliche Fragen dort spielen. Wobei – und das sollten wir im Blick behalten – es nicht darum geht, dass Kirche jetzt auch Politik macht. Das ist vielen Menschen zu Recht suspekt. Wenn Kirchen sich zu gesellschaftlichen Fragen äußern, dann sollte das immer dezidiert aus einer geistlichen Motivation heraus geschehen. Die Aufgabe besteht darin, das genuin Christliche in die Gesellschaft einzubringen.

Gemeint ist also nicht, dass Kirchengemeinden einfach fordern: »*Lasst uns alle nur noch 100 km/h auf Autobahnen fahren!*«, sondern dass sie deutlich machen, warum der Respekt vor Gottes Schöpfung zugleich ein ressourcenschonendes Verhalten impliziert. Und wenn dann Christinnen und Christen auch noch selbst aktiv und (Achtung!) »*glaubwürdig*« etwas dazu beitragen: desto besser. Dann entwickelt sich eine Kirche, die ganz selbstverständlich die Kraft des Evangeliums in die Welt trägt.

*Kirche, die engagiert in die Gesellschaft hineinwirkt, wird als starke Stimme wahrgenommen und lädt zum Weiter-Denken ein: So gelingt Veränderung.*

»Es gibt Hoffnung, immer und zu jeder Zeit! Im (vom Braunkohle-Abbau bedrohten) Pödelwitz wäre es ohne Hoffnung nicht gegangen. Es bleibt und wir bleiben auch. Das hat Menschen in und um die Kirche zusammengeführt und stärker gemacht. Wenn es uns in Zukunft gelingt, die Kirchen als Orte zu halten, wo Menschen den Frieden und die Kraft spüren, die ihnen durch Licht und Schatten helfen können, dann haben sie einen Platz in ihrem Herzen, in dem alles Denken, Glauben und Hoffen beginnt.«

*Friederike Kaltofen ist Pfarrerin der Evangelisch-Lutherischen Kirchgemeinde Groitzsch in Sachsen.*

**Baut Häuser
und wohnt darin!**
*Jer 29,5*

# 9. WIRKEN IN DIE KULTUR

Von Martin Luther stammt der geistreiche Satz: »*Ich wünsche mir, dass alle Künste dem dienen, der sie erschaffen hat.*« Passt! Denn Kirche und Kultur waren schon früh eng miteinander verbunden – man kann mit Fug und Recht sagen: Über Jahrhunderte war die Kirche die größte Mäzenatin der Künste überhaupt. Sie hat dafür gesorgt, dass die besten Architekten, Steinmetze, Maler, Poeten, Bildhauer, Komponisten und Goldschmiede für sie gearbeitet haben. Weil ihnen eines deutlich geworden war: Glaube braucht Sinnlichkeit, Anschaulichkeit und Emotionalität. Sprich: Kirche braucht Kunst.

Trotz des Zitats des sinnenfrohen Martin Luthers waren es dann aber leider die Reformatorinnen und Reformatoren, die diese heilige Allianz ins Wanken brachten, weil sie die vermeintliche Verehrung des Schönen (etwa in Form von Heiligenbildern) ablehnten. Gott sollte »allein durch das Wort« vermittelt werden. Um es mit einem kabarettistischen Bonmot zuzuspitzen: »*Vermutlich ist es deshalb heute in vielen protestantischen Kirchen so leer: Da ist der Pfarrer ›allein durch das Wort‹.*«

Höchste Zeit also, der kulturellen Verödung der Kirchenkultur etwas entgegenzusetzen. Schon deshalb, weil auch die Psalmisten wussten: *»Wunderbar sind deine Werke, das erkennt meine Seele.«* (Psalm 139,14) Und wenn Gott Künstlerinnen und Künstler mit Kreativität begabt, dann sollten diese auch die Möglichkeiten erhalten, ihre Begabungen *»zur Ehre Gottes«* einzusetzen.

Eigentlich ist dieser Gedanke die logische Konsequenz aus dem in Ermutigung acht geschilderten Wunsch, Gott in allen Dingen zu entdecken. Abgesehen davon strömen ja nach wie vor unzählige Menschen zu Weihnachtsoratorien, Matthäuspassionen, Gospelkonzerten oder Orgelmatineen: Manche, weil sie einfach nur Kultur genießen wollen – die Mehrzahl aber, weil das für sie zugleich spirituelle Erfahrungen sind. Und nicht wenige Sängerinnen und Sänger empfinden ihren Kirchenchor als Gemeinde und ihre Proben als Gottesdienste.

Das hat auch damit zu tun, dass in einer Informationsgesellschaft der Wert der Erfahrung massiv an Bedeutung gewinnt. Das bedeutet zugleich: Ich möchte, wenn ich mit Kirche in Kontakt komme, nicht nur hören und denken, sondern auch schmecken, riechen, fühlen und sehen. Und das nicht nur symbolisch: Immerhin verkünden wir beim Abendmahl vollmundig: *»Seht und schmeckt, wie freundlich der Herr ist.«* Und dann bekommen die Anwesenden eine pappige Oblate, die am Gaumen klebt und nach … äh … nichts schmeckt. Heißt das: Gott schmeckt nach nichts? Und macht auch nicht satt? Wäre höchst tragisch. Und ist zweifelsohne falsch.

Die Kirche der Zukunft wird eine sinnliche Kirche sein. Und damit auch eine emotionale. Denn wenn nicht nur unser Verstand, sondern auch unser Herz angesprochen wird, sind unsere Gefühle merklich schneller mit im Spiel. Darum gilt ja in afrikanischen Gemeinden: *»Wer im Gottesdienst nicht weinen kann, der ist ein schwacher Mensch.«* Natürlich: Die *»Botschaft von der Liebe Gottes«* basiert auf einem Gefühl. Und es wäre ein unglaublicher Fortschritt, wenn diese Gefühle endlich zugelassen würden.

Die Sehnsucht der Menschen nach sinnlichen Erfahrungen ist auch der ausschlaggebende Grund für die enorme Faszination vieler Sinnsuchender von Pilgerreisen oder christlichem Yoga: Da erlebt man was Spirituelles! Wovon gelegentlich sogar diejenigen überzeugt sind, die dem klassischen Christentum ansonsten eher kritisch gegenüberstehen.

Sobald wir erkennen, dass der Glaube natürlich durch alle Kulturformen gefeiert und verkündet werden kann, bekommen wir auch die Freiheit, diesen Kulturformen bei uns mehr Raum zu geben. Und dann ist es auch keine Anfechtung mehr, in Gottesdiensten Filmausschnitte zu zeigen, Poetry-Slammer einzubinden, Krummhorn-Solistinnen brillieren zu lassen, Kulissen aufzubauen oder einfach mal einen zum Thema passenden Geruch zu versprühen. Platzieren Sie doch mal zur Predigt über die *»Speisung der 5000«* ein paar Fische im Raum, die wie bei Jesus schon einen ganzen Tag in der heißen Sonne lagen: Das wird die Gemeinde nie vergessen.

Auch bei der Musik braucht es mehr Offenheit. Ja, wir haben unfassbar schöne Kirchenlieder. Aber auch säkulare Künstlerinnen und Künstler haben sich erstaunlich geistreiche Gedanken über das Leben gemacht. Wieso lassen wir die nicht öfters mal zu Wort kommen? Und wenn in der Gemeinde keine Schauspielerin parat ist: Es gibt von allen Bibeltexten hervorragende Aufnahmen professioneller Sprecherinnen und Sprecher. Kann man einspielen!

Eine Kirche von morgen, die neue Formen der Kulturarbeit fördert, wird nicht nur erleben, wie dankbar gerade Suchende und Fragende sind, wenn sie ganzheitlich angesprochen werden, sie wird auch erleben, dass unsere Gemeinden dadurch als kulturelle Partner wieder ernst genommen werden. Weil Kirche dort, wo sie auf hohem künstlerischen Niveau Kultur präsentiert, einladend ist.

In Nordhessen gibt es einen Pfarrer, der seit Jahren lokale säkulare Bands einlädt, in seinen Gottesdiensten zu spielen. Einzige Bedingungen: Sie müssen auch ein paar Gemeindelieder einstudieren. Machen die aber gerne. Außerdem bringen sie nicht nur ihre Fans mit ... gelegentlich landet sogar ein Perkussionist oder eine Keyboarderin im Kirchenvorstand. Klingt verlockend.

*Kirche, die die vielfältigen Ausdrucksmöglichkeiten der Kunst nutzt, spricht Menschen mit allen Sinnen an: So strahlt Verkündigung aus.*

**Hört das Wort Gottes.**
*Jer 29,20*

# 10. DIE NEUENTDECKUNG DES GLAUBENS

Studien zeigen: Ob und wie sich Gemeinden entwickeln, hängt erstaunlich wenig von bestimmten Formen oder Angeboten ab. Kurz gesagt: »*Nicht Programme gewinnen die Herzen der Menschen; Menschen gewinnen die Herzen der Menschen.*« In der Kirche sind das die Menschen, denen man ihre Liebe und ihre Leidenschaft für Gott und ihren Glauben abspürt. Menschen, die von der Liebe Gottes so sehr durchdrungen sind, dass sie diese Liebe spürbar ausstrahlen. In Amerika gibt es deshalb die Redewendung: »*Growing churches love. Loving churches grow.*« (Wachsende Gemeinden lieben. Liebende Gemeinde wachsen.)

Mit anderen Worten: Das Beste, was eine geistliche Gemeinschaft machen kann, um in ihre Zukunft zu investieren ist: in den Glauben der Menschen zu investieren. In die Neuentdeckung des Glaubens. Gemäß dem Zitat Jesu: »*Trachtet zuerst nach dem Reich Gottes, dann wird euch alles andere zufallen.*« (Mt 6,33) Weil – um es salopp auszudrücken – am Ende die Qualität bestimmter Angebote viel weniger entscheidend ist als die Frage, ob die Augen derer, die diese Angebote machen, dabei leuchten. Und: Diejenigen, die Angebote mit leuchtenden Augen machen, sind in der Regel auch an deren Qualität interessiert. Kurz: Begeisterte Menschen begeistern.

Damit soll keineswegs irgendjemandem pauschal mangelnder Glaube vorgeworfen werden, aber unsere deutsche protestantische Kirche ist zumindest nicht für ihre überschäumende Begeisterung und Ausstrahlung bekannt. Vielleicht sollten wir einfach wieder lernen, unserer Glaubensfreude Ausdruck zu verleihen.

Allerdings lässt sich feststellen, dass es in manchen Kreisen Glaubenden fast schon unangenehm zu sein scheint, überhaupt von Jesus zu sprechen oder sich auf die Bibel zu beziehen. Wie schade!

Mit guten Gründen wurden die biblischen Überlieferungen in den letzten Jahrzehnten sehr sorgfältig analysiert, historisch eingeordnet und oftmals auch kritisch hinterfragt – aber dabei wurde allzuoft das (Jesus-)»*Kind mit dem Bade ausgeschüttet*«. Denn: Auch ein wacher, kritischer Geist kann von der spirituellen Tiefe der Bibel zutiefst erfüllt und bewegt sein; erst recht, wenn er erkennt, wie sehr sich das Evangelium trotz der oder gerade in den menschlichen Erfahrungen widerspiegelt, die in der Bibel so hingebungsvoll beschrieben werden.

Eine der großen Aufgaben der Kirche wird es sein, die Bibel als geistliche Quelle neu zu entdecken – und das in einer Weise, in der jede und jeder Glaubende Zugang dazu findet; nicht nur in gottesdienstlichen Auslegungen, sondern auch beim eigenen Bibellesen – also in einer guten, alten Tradition, die in erstaunlich vielen christlichen Gemeinschaften kaum noch eine Rolle spielt. Womöglich, weil wir auch keine Räume mehr schaffen, in denen sich Menschen über ihre Bibellese-Erfahrungen austauschen könnten.

Fromm formuliert könnte man sagen: Es wird Zeit, dass wir in unseren Gemeinden Jesus wieder ins Zentrum setzen. Dass wir (und die Menschen, die mit uns in Kontakt kommen) erleben, was (beziehungsweise: wer) uns motiviert, beseelt und inspiriert. Martin Luther hat, als es um die Frage ging, wie man die Bibel am besten verstehen und bei Unklarheiten interpretieren könne, betont, es ginge immer um das, *»was Christum treibt«* – also um das, was die Botschaft des menschgewordenen Gottes, die Botschaft von *»Glaube, Liebe und Hoffnung«* voranbringt. Genauso geht es in unseren Gemeinden zuallererst darum zu fragen, *»was Christum treibt«*.

Höchstwahrscheinlich werden wir dabei feststellen, dass wir den Glaubenden allzu oft einfach keine Möglichkeit geben, ihr persönliches Bekenntnis zum Ausdruck zu bringen. Denn mal ehrlich: Wo kommt denn der persönliche Glaube des Einzelnen im normalen Gemeindeleben vor? Dabei wäre (und ist) manche hauptamtliche Kraft völlig überrascht, welche tiefgründigen und geistlich fundierten Antworten sie bekommt, wenn sie am Lagerfeuer vorsichtig anfragt, was denn die Anwesenden so glauben.

Eine Neuentdeckung des Glaubens kann es dann geben, wenn darin alle Mitglieder der geistlichen Gemeinschaft eingebunden sind. Immer wieder wird deshalb darauf hingewiesen, dass die Zukunft der Kirche auch eine des »Zeugnisses« sein wird – wie man das früher gerne genannt hat. Gemeint ist, dass es selbstverständlich werden wird, dass Frauen und Männer über ihren Glauben sprechen. Auch in der Öffentlichkeit. Zum Beispiel im Gottesdienst. Oder im Seniorenkreis. Oder beim Tauffest am Baggersee. Weil manche persönliche (Glaubens-)Erfahrung für die Gemeinschaft viel anregender ist als eine noch so kluge Bibelauslegung.

Zu einer solchen Kultur des Zeugnisses gehört übrigens auch, dass Menschen über ihre Zweifel, Ängste, Unsicherheiten ... ja, über ihren Unglauben sprechen (dürfen). Was nicht nur biblisch ist – Jesus heilt den Sohn eines Mannes, obwohl der offen bekennt: *»Ich glaube, hilf meinem Unglauben!«* (Mk 9,24) –, sondern auch zutiefst menschlich. Und vielen Suchenden hilft Ehrlichkeit viel mehr als allzu triumphale Postulate. Menschen, die Glauben und Zweifel teilen, unterstützen einander, den Glauben neu zu entdecken. Immer wieder!

In einer Gemeinschaft, in der sich niemand ihres oder seines Glaubens schämt, sondern in der Frömmigkeit offen und ganz selbstverständlich kommuniziert wird, tanken alle auf. Sie werden füreinander zu einer spirituellen Tankstelle. Und dann gilt wieder, was wir schon in Ermutigung eins angeregt haben: Menschen spüren *»Das, was es in der Kirche gibt, gibt es nur in der Kirche.«*

*Kirche, die den Glauben neu als Gemeinschaftserfahrung entdeckt und fördert, strahlt die Freude am Evangelium aus: So wächst Begeisterung.*

»Zuversichtlich für die Kirche machen mich die vielen Menschen, die sich in einer Durchlässigkeit für das Wirken der Heiligen Geistkraft üben und die bereit sind, sich von Gott auf Pfaden abseits der ausgetretenen Wege finden zu lassen.«

*Katharina Haubold, Referentin für Fresh X*
*an der CVJM-Hochschule in Kassel*

Betet für sie zum Herrn.
*Jer 29,7*

# 11. DIE NEUENTDECKUNG DES FEIERNS

Kaum ein Satz klingt tragischer, als wenn eine Pfarrerin oder ein Pfarrer gesteht: »*In meinen Gottesdienst würde ich auch nicht gehen.*« Puh! Wird aber des Öfteren gesagt – und leider noch viel öfter gedacht. So wie auch Hauptamtliche untereinander gerne darüber lästern, dass es ja nicht mal die Mitglieder des Presbyteriums für nötig halten, regelmäßig in den Gottesdienst zu kommen.

Nun, fragen wir mal ganz unvoreingenommen: Ist es wahrscheinlich, dass Menschen, die die Gottesdienste und Angebote ihrer Gemeinde selbst nicht prickelnd finden, diese mit spürbarer Lust und Passion feiern? Wohl eher nicht.

Lasst uns Gottesdienste feiern, die wir selbst lieben! Lasst uns Gemeinschaftsevents feiern, bei denen sich jede und jeder ärgert, die oder der einen verpasst! Lasst uns Kirche so feiern, dass wir regelmäßig denken: »*Das ist das Beste, was mir und anderen (am Sonntagmorgen) passieren kann!*« Und wenn wir offiziell behaupten: »*Wir feiern einen Gottesdienst*«, dann ist es auch legitim zu fragen, ob wir das, was da passiert, als ein rauschendes Fest empfinden. Und ob andere das so erleben.

Wir haben in der vierten Ermutigung über »Profilierte Gemeinden« schon gezeigt, dass die unschöne Konformität protestantischer Gottesdienste eigentlich gar nicht ihrer DNA entspricht. Bevor sich also die Begriffe »Liturgie« und »Lethargie« einander immer mehr annähern, sollten wir anfangen, unsere gesamte Gemeindekultur daraufhin mal abzuklopfen.

Ach ja: Dabei werden wir (vielleicht ein bisschen verblüfft) feststellen, dass die meisten Elemente der Agende ganz kostbare Anliegen ausdrücken, die der eher schweigenden Mehrheit nur nicht mehr verständlich sind. Denn natürlich ist es für einen Menschen wohltuend, wenn er in einem Gottesdienst zu Beginn das ablegen darf, was ihn aktuell belastet (Kyrie), wenn er Gott für dessen Freundlichkeit lobt (Gloria), wenn er sich als Teil der weltweiten Glaubensgemeinschaft erlebt (Psalm und Bekenntnis), wenn ihm seine Schuld abgenommen wird (Konfiteor), wenn er gesegnet wird (Salutatio, Kanzelgruß, Segen) und so weiter. Es geht also gar nicht darum, den Gottesdienst von Grund auf neu zu erfinden, sondern darum, das Gute, das in ihm steckt, neu zur Entfaltung zu bringen.

Mindestens genauso wichtig ist aber, dass sich die Gottesdienstgemeinde bei allem, was sie da miteinander feiert, als geistliche Gemeinschaft erlebt – und das geht (zumindest für viele) heute nicht mehr nur mit ritualisierten Wechselgesängen und Hymnen. Insofern wird es zunehmend darauf ankommen, dass sich die Menschen (unter denen womöglich auch einige neugierige Gäste sind) als echtes Miteinander erleben können. Sei es durch entsprechende Begrüßungen, interaktive Elemente, gegenseitiges Wahrnehmen und einladende Momente, in denen ein Austausch möglich ist.

Denn eines spüren viele Suchende: Weil Glaube nicht allein über Wissen funktioniert, wird der Dialog immer wichtiger. *»Ich möchte im Gottesdienst nicht einfach nur Konsumentin oder Konsument sein, sondern Mitwirkende oder Mitwirkender. Ich will mich als produktiven Teil der Glaubensgemeinschaft erleben.«*

Dahinter verbirgt sich das in der Soziologie hoch gehandelte Phänomen der Selbstwirksamkeit: Wer den Eindruck hat, dass er etwas Produktives zur Gesellschaft beitragen kann, empfindet sein Leben nicht nur als deutlich sinnvoller, er macht auch motivierter mit. Deshalb wird der Gottesdienst der Zukunft erkennbar partizipativer sein.

Ein entscheidendes Kriterium für einen Gottesdienst, den Menschen nicht verpassen wollen, wird darüber hinaus – wie schon angedeutet – die Relevanz des Geschehens sein. Dass Bibeltexte für das Leben relevant seien, glaubt heute ohnehin nur noch eine Minderheit der deutschen Bevölkerung, aber dass es relevante Fragen gibt, auf die dringend Antworten gefunden werden sollten, würden fast alle unterschreiben. Sprich: Gottesdienst, in denen sich Menschen mit ihren Fragen vertreten fühlen, haben ein unfassbares Potential. Und dann dürfen die Antwort-Versuche auch gerne aus der Bibel stammen.

Dass die Kirche der Zukunft als Ganzes emotionaler sein wird, haben wir auch schon angedeutet, die Freude an der sinnlichen Erfahrung wird aber gerade da, wo Glaubende miteinander feiern, eine entscheidende Rolle spielen. Weil nun mal zu einem lebendigen Miteinander Fröhlichkeit, Ausgelassenheit, Unbeschwertheit und Genuss gehören. Was wir insgesamt für ein wegweisendes Kriterium gelingender Veranstaltungen halten: *»Sind sie für uns ein Genuss?«* Denn wenn sie das sind, dann gibt es dort auch viel Raum, um die schweren Seiten des Lebens mit der gleichen Intensität zu bedenken.

Wie solch ein Feiern aussehen kann, zeigt die boomende Bewegung »Kirche Kunterbunt«, die von sich sagt: *»Kirche Kunterbunt ist frech und wild und wundervoll. Kirche Kunterbunt ist Kirche, die Familien im Blick hat. Kirche Kunterbunt ist Qualitätszeit für Familien und schafft Glaubensräume, in denen das Evangelium mit allen Sinnen erlebt wird.«* Das, was hier erfolgreich mit Kindern und ihren Angehörigen gelebt wird, basiert auf Elementen, die man getrost 1:1 auf alle Generationen übertragen könnte: Es gibt eine Willkommens-Zeit, eine Aktiv-Zeit, eine Feier-Zeit und eine Essens-Zeit. Das alles entlang eines biblischen Themas. Anregung pur!

Übrigens! Jesus wurde vorgeworfen, er sei *»ein Fresser und Weinsäufer«* (Mt 11,19), weil er so viel gefeiert habe. Diesen Vorwurf sollten wir uns auch gefallen lassen: *»Diese Christen, die machen ständig Party.«*

*Kirche, die das Feiern für sich wiederentdeckt und das geistliche Miteinander genießt, nimmt den Gottesdienst ernst: So wächst Glaubensfreude.*

Ich will euch erhören.

*Jer 29,12*

# 12. DIE NEUENTDECKUNG DES GEISTES

Jetzt mal Hand aufs Herz: Wenn Sie in einen Gottesdienst oder eine Veranstaltung Ihrer Gemeinde gehen, erwarten Sie da eigentlich noch, dass Gott aktiv handelt? Irgendwie? Ganz konkret. Dass in dem, was da passiert, der Himmel auf Erden erlebbar wird? Dass der Heilige Geist spürbar anwesend ist und womöglich sogar so etwas wie ein Wunder passiert?

Ganz gleich, wie Sie diese kecke Frage für sich beantworten: Stellen Sie sich doch einfach mal vor, unsere Kirchen wären Orte, an denen das so ist; Orte, an denen erstaunlich viele Menschen fest davon ausgehen, dass Gott wirkt. Dass er lebendig ist und handelt. Hier und heute! In der versammelten Gemeinschaft der Glaubenden. Das würde manches verändern! Oder?

Diese Vorstellung klingt jetzt vielleicht für die eine oder den anderen etwas zu charismatisch, aber wenn wir so oft betonen, dass wir als Christinnen und Christen auf die Gegenwart Gottes *ver*trauen, dann könnten wir ihm doch gelegentlich auch mal was *zu*trauen. Kurz und gut: Die Ermutigung besteht in diesem Kapitel vor allem in einem: Lassen Sie uns dem Unverfügbaren und damit auch dem Heiligen Geist mal wieder etwas zutrauen – und geben wir ihm mehr Raum. Weil gelegentlich der Eindruck entsteht, dass uns in den Kirchen die Dinge, die wir nicht kontrollieren können, äußerst suspekt geworden und dementsprechend auch nicht willkommen sind.

Schade eigentlich, denn beim Vertrauen auf die Gegenwart Gottes und seinen Heiligen Geist sind wir dem Zentrum des Glaubens ganz nah: Zumindest ist die korrekte Übersetzung des griechischen Wortes für Glauben »Vertrauen« – und eine Gemeinschaft, die vom Vertrauen auf Gott und seine Gegenwart lebt, wird vermutlich mehr von und mit ihm erleben als eine Gruppe, die, bewusst oder unbewusst, von Gott letztlich gar nichts mehr erwartet.

Paulus schreibt im 2. Korintherbrief vollmundig: *»Gott ist der Geist – und wo der Geist Gottes ist, da ist Freiheit.«* (2. Kor 3,17) Diese Freiheit, dieses Vertrauen auf das Wirken des Heiligen, dieses Eingeständnis *»Das Wesentliche machen nicht wir«*, dieses erwartungsvolle Hinhalten des Unfertigen lässt jede Glaubensgemeinschaft die Angebote ihrer jeweiligen Institution wesentlich geistlicher erleben. Denn selbst Friedrich Nietzsche erkannte: *»Man muss noch Chaos in sich haben, um einen tanzenden Stern gebären zu können.«*

Spannende Frage: Sind wir bereit für das Chaos? Oder, um es etwas gesitteter auszudrücken: Gibt es bei uns noch kreative Gestaltungsräume? Für das Variable, das Freie, das Überraschende? Spielt das Unverfügbare des

Heiligen Geistes in unseren Gemeinden eine tragende Rolle – oder erleben die Menschen, die zu uns kommen, in erster Linie durchgeplante, sakrale Events, die, um es ein bisschen garstig auszudrücken, Gott für ihre Durchführung gar nicht mehr brauchen? Und was wäre anders, wenn die Dimension des Heiligen Geistes in unserem Tun erkennbar präsenter wäre? Wenn auch die Gestaltenden nicht als Zeremonienmeister, sondern als Empfangende wahrgenommen würden, die sich erkennbar der Führung des Heiligen Geistes anvertrauen?

Der Theologe Christian A. Schwarz hat schon vor einigen Jahren darauf hingewiesen, dass es im Bereich der theologischen Ausprägungen eine merkwürdige Aufsplitterung Gottes gibt: Während die sogenannten »Evangelikalen« sich stark auf Jesus, den Retter, konzentrieren und die eher »Liberalen« vor allem Gott, den Schöpfer, in den Blick nehmen, haben die »Charismatiker« scheinbar den Heiligen Geist für sich gepachtet. Diese Ausprägungen sind aber ungenügend, weil sie die Trinität Gottes aushebeln. Gott hat sich als Vater, Sohn und Heiliger Geist offenbart. Und jede Verengung des Gottesbildes enthält den Glaubenden wesentliche Aspekte Gottes vor.

Deshalb gilt: Die Kirche der Zukunft wird eine ganzheitliche Kirche sein, eine, die den Mut hat, die trinitarische Weite zu leben und zu erleben – auch dann, wenn der Heilige Geist in seiner Unberechenbarkeit bisweilen ziemlich herausfordernd sein kann. Aber genau das hält den Glauben ja lebendig. Verleiht ihm seinen ganz speziellen transzendenten Charme. Lädt uns ein ... ja ... eben zu glauben und vom Himmel Großes zu erwarten.

Man muss kein Prophet sein, um zu ahnen: Eine spirituelle Gemeinschaft, die für das Wirken des Heiligen Geistes offen ist, macht sich auch motivierter und entspannter auf den Weg zu einer Kirche der Zukunft. Menschen, die auf Gottes Gegenwart vertrauen, werden, wie wir das anfangs schon festgestellt haben, nämlich nicht nur auf ihre eigenen Fähigkeiten (im Bereich »Change Management« und Organisationsentwicklung) setzen, sondern den Veränderungsprozess als einen geistlichen Prozess verstehen, gestalten und erleben. Sie werden ihre Sehnsüchte, ihre Erwartungen und ihre Ängste Gott im Gebet anvertrauen und für sein Reden offen sein.

Diese Bereitschaft für unerwartete Perspektivwechsel finden wir übrigens mehrfach in der Bibel. Ein Beispiel: Als Jesus nach der Auferstehung Petrus begegnet (nachdem dieser die ganze Nacht erfolglos gefischt hat), ruft er ihm aufmunternd zu: *»Wirf doch mal das Netz auf der anderen Seite aus.«* (Joh 21,6) Hä? Petrus, der routinierte Fischer, ist völlig verwirrt – macht es aber trotzdem. Vermutlich, weil er die dahinterliegende Intention versteht: Das mit dem Netz auf der anderen Seite ist ein Gleichnis, ein Sinnbild. *»Versuch mal, neu zu denken. Anders, als du es gewohnt bist. Wage es, einen neuen Weg einzuschlagen, weil die alten Wege vielleicht nicht mehr funktionieren.«*

*Kirche, die dem Heiligen Geist wieder Raum gibt, macht sich auf den Weg zu einem ganzheitlichen Gottesverständnis: So funktioniert Vertrauen.*

»Ich schöpfe meine Hoffnung aus der Zusage Gottes, uns Zukunft und Frieden zu schenken. Die Kirche von morgen ist schon in der Kirche von heute sichtbar. Sie soll auf Gottes Wort bauen und für die Menschen da sein. Hoffnungsfroh stimmen mich dabei die Erprobungsräume der Evangelischen Kirche in Mitteldeutschland sowie die ökumenische Bewegung mit ihrem Einsatz für die Würde der Menschen.«

*Judith Königsdörfer arbeitet für den Ökumenischen Rat der Kirchen in Genf und ist Referentin für Partnerschaftsarbeit und ökumenisches Lernen bei der Ev. Kirche in Mitteldeutschland*

Ich gebe euch
Zukunft und Hoffnung.
*Jer 29,11*

# WIE WIR DIE HOFFNUNG LEBEN

Ein Theologe erzählte uns eine verblüffende Begebenheit: Nachdem er als Pfarrer einige Jahre seine Gemeinde zukunftsfähig machen wollte, stellte sich ihm eines Tages eine energische ältere Dame nach dem Gottesdienst in den Weg und sagte: »*Hören Sie mal zu, Herr Pfarrer! Alles, was Sie hier neuerdings machen, finde ich total schrecklich. Ich mag Ihre Musik nicht, ich mag Ihre Gottesdienste nicht, und ich mag Ihre Predigten nicht.*« Klasse! Doch dann fing sie an zu lächeln: »*Aber seit Sie da sind, kommen meine Kinder und meine Enkel freiwillig mit in den Gottesdienst. Und das ist es mir auf jeden Fall wert!*«

Diese Frau hat etwas Wesentliches verstanden, etwas wirklich Entscheidendes: Wir müssen das große Ganze sehen! Für die Frage, wie wir die Kirche von morgen voranbringen, heißt das: Wenn es uns gelingt, einer Gemeinschaft die Ziele des Veränderungsprozesses zu vermitteln, dann geht es auf einmal nicht mehr um oberflächliche Streitthemen wie Musikstile, Gottesdienstzeiten, Gebäudemanagement oder Einzelkelche, dann geht es darum: Wie können wir diese Ziele am besten erreichen? Und dann ist es auch gar nicht mehr so wichtig, ob zum Beispiel ein Gottesdienst exakt meine persönlichen kulturellen Vorlieben erfüllt, sondern ob er zur Umsetzung der Ziele beiträgt. Und dann werde ich ihn trotzdem mit ganzem Herzen feiern können.

Vielleicht haben Sie sich ein wenig darüber gewundert, dass in diesem Büchlein nicht mehr konkrete Praxistipps stehen. Quasi eine Gebrauchsanweisung. Das ist Absicht! Weil wir eben nicht an Modelle, sondern an Haltungen glauben. Und wenn Sie die Weichenstellungen angehen, die wir in den zwölf Ermutigungen kurz angerissen haben, werden Sie von allein auf unzählige konkrete Ideen kommen (die dann speziell zu Ihrem Umfeld passen) – oder Sie werden wissen, nach was Sie im Internet suchen müssen. Denn zum Glück haben sich schon viele andere auf die Suche gemacht oder innovative Ideen in ihren Gemeinden ausprobiert.

Wie gesagt: Hier geht es uns darum, notwendige Perspektivwechsel zu skizzieren, damit Sie inspiriert werden, die Kirche mit neuen Augen zu sehen und dann mutig in Ihrem jeweiligen spezifischen Rahmen zu handeln.

Wenn Sie anfangen, im Netz nach Anregungen für die Kirche der Zukunft zu stöbern, werden Sie womöglich des Öfteren auf der Seite von *»midi * der Zukunftswerkstatt von Kirche und Diakonie«* landen. Denn natürlich versuchen wir als *»Arbeitsstelle für missionarische Gemeindeentwicklung und diakonische Profilbildung«*, kurz: als geistlicher Thinktank, für die von uns wahrgenommenen Herausforderungen auch Praxismaterialien anzubieten.

So finden Sie unter www.mi-di.de unter anderem eine Toolbox für »Gremienspiritualität«, eine Toolbox für Sozialraumorientierung (»WIR + HIER«), einen Kurs zur Sprachfähigkeit im Glauben (»HERZENSANLIEGEN«), Anregungen für Fresh-X-Projekte, Empfehlungen für das Einrichten von #Verständigungsorten, zahllose Materialangebote und vieles mehr: zum Beispiel Einladungen zu regelmäßigen Online-Tagungen und Online-Workshops, bei denen erfahrene Praktikerinnen und Praktikern von innovativen Projekten berichten und in denen Sie sich über aktuelle Herausforderungen austauschen können. Heute heißt das lässig »Empowerment« – weil wir Sie ermutigen, bestärken, befähigen und unterstützen wollen.

Die Israeliten, denen der Prophet Jeremia im babylonischen Exil vor Jahrtausenden Mut gemacht hat, haben es übrigens geschafft: Sie haben in einer Zeit massiver gesellschaftlicher Umbrüche, elementarer Herausforderungen und unklarer Perspektiven gewagt, ein für damalige Verhältnisse spektakulär neues Verständnis eines geistlichen Miteinanders zu entwickeln (das zum Beispiel nicht mehr von der überlieferten Idee abhängig war, dass Gott im Tempel in Jerusalem wohnt, weil die Gemeinschaft erkannte: Gott kann überall sein), und somit erlebt, dass Gottes Zusage von »ZUKUNFT UND HOFFNUNG« Wirklichkeit wurde.

Vermutlich gab es auch damals eine Menge Trotzköpfe, die trotz der markigen Prophezeiung Jeremias viel lieber bei den alten Traditionen des Volkes geblieben wären. Nachvollziehbar. So sind wir. Aber wenn sich die Trotzköpfe durchgesetzt hätten, dann wäre der jüdische Glaube höchstwahrscheinlich in Babylon untergegangen.

Nur weil die Israeliten bereit waren, in einer sich verändernden Welt ein neues Bild einer spirituellen Bewegung zu denken, ein Bild, in dem die Gemeinschaft ihren Glauben unter neuen Bedingungen leben und feiern konnte, gibt es sie bis heute. Nun, wenn in weiteren 2500 Jahren Historikerinnen und Historiker dereinst auf die Krise der Kirchen im 21. Jahrhunderten zurückschauen, wäre es doch schön, wenn wir wüssten: Wir haben zu denen gehört, die damals weitergeglaubt und an der Kirche der Zukunft mitgebaut haben. Denn wer weiß: Womöglich ist Europa ja gar nicht post-christlich, sondern nur prä-göttlich.

Jeremia zumindest lässt Gott zuversichtlich sagen: *»Wenn ihr kommt und zu mir betet, so erhöre ich euch. Sucht ihr mich, so findet ihr mich. Wenn ihr von ganzem Herzen nach mir fragt, lasse ich mich von euch finden. Ich wende euer Geschick.«* (Jer 29,13–14) Läuft!

# ÜBER DIE AUTORINNEN UND AUTOREN

*Dr. Fabian Vogt* ist Schriftsteller, Theologe und Kabarettist: Als Referent für Evangelisation bei »midi«, der Zukunftswerkstatt von Kirche und Diakonie in Berlin, entwickelt er Ideen für eine vitale Kirche.
www.fabianvogt.de

*Svenja Neumann* ist Pfarrerin in Hanau und leidenschaftliche Kommunikatorin. Bei midi kümmert sie sich als Referentin für missionale Bildung vor allem um einladende Angebote zur Glaubensvermittlung.

*Walter Lechner* ist Theologe und bei midi als »Referent für Sozialraumorientierung in Diakonie und Kirche« an allem interessiert, was die Gesellschaft vor Ort sozial und geistlich voranbringt.

*Andreas Schlamm* ist Generalsekretär der »Arbeitsgemeinschaft missionarischer Dienste« und bei midi Referent für missionarische Kirchenentwicklung. Ihn begeistert das, was Gemeinschaften wirksam werden lässt.

*midi* ist eine Zukunftswerkstatt, die frische Ideen mit Vernetzung und praktischer Hilfe verbindet. Die Arbeitsstelle forscht, berät, begleitet, vernetzt – und entwickelt Perspektiven für die Kirche und die Diakonie der Zukunft. Der Name midi steht für »*mi*ssionarisch-*di*akonisch«.

Die Arbeitsstelle *midi* wird von der Evangelischen Kirche in Deutschland (EKD), der Diakonie Deutschland und der Arbeitsgemeinschaft Missionarische Dienste (AMD) geführt. Träger ist das Evangelische Werk für Diakonie und Entwicklung e. V.

*Kontakt*
Evangelische Arbeitsstelle für missionarische Kirchenentwicklung und diakonische Profilbildung (midi)

Evangelisches Werk für Diakonie und Entwicklung e. V.
Caroline-Michaelis-Str. 1
10115 Berlin
Telefon: 030 65211-1862
Fax: 030 65211-3862
E-Mail: info@mi-di.de

*www.mi-di.de*

Ulrich H. J. Körtner

**Wahres Leben**

Christsein auf evangelisch

144 Seiten | 12 x 19 cm
Klappenbroschur
ISBN 978-3-374-06912-5
EUR 12,00 [D]

Kann es wahres Leben geben? Ein Leben, das sich nicht nur gut und richtig anfühlt, sondern gut und richtig ist? Ein sinnerfülltes Leben mit Tiefgang statt bloßer Oberflächlichkeit? Ob Leben wahr oder unwahr, richtig oder falsch ist, hängt davon ab, was oder an wen man glaubt, was oder wen man liebt, was oder worauf man hofft. Das führt zu den weiteren Fragen dieses Buches: Woran genau glauben Christen? Worauf vertrauen sie in Leben und Sterben? Und: Was bedeutet es heute, im evangelischen Sinne Christ zu sein?

Ulrich Körtner ist bekannt für seine Gabe, das Wesentliche klar auf den Punkt zu bringen. Er bezieht sich dabei vor allem auf das Apostolische Glaubensbekenntnis, das Doppelgebot der Liebe, die Zehn Gebote, das Hohelied der Liebe, das Vaterunser, Psalm 23 und Psalm 51,12–14 sowie die Seligpreisungen.

**EVANGELISCHE VERLAGSANSTALT**
**Leipzig** www.eva-leipzig.de

Tel +49 (0) 341/ 7 11 41-44    shop@eva-leipzig.de

Fabian Vogt
**Das Bilderbuch Gottes**
Wie die Gleichnisse Jesu uns das Leben vor Augen malen
*Mit Illustrationen von Joy Katzmarzik*

184 Seiten | 13,5 x 19 cm
Klappenbroschur
ISBN 978-3-374-07647-5
EUR 18,00 [D]

Jesus hat es geliebt, Gleichnisse zu erzählen. Das waren mitreißende Geschichten, die bis heute vor Augen malen, wie ein Leben voller Glaube, Liebe und Hoffnung aussieht ... und wie man den »Himmel auf Erden« erleben kann.

Fabian Vogt stellt zwölf dieser faszinierenden Erzählungen vor und zeigt, welche Kraft in ihnen steckt und wie sie Lust machen, das eigene Leben »weiterzumalen«. Dazu passen bestens die inspirierenden Bilder der Künstlerin Joy Katzmarzik.

Im Anhang finden Sie zudem vielfältige Anregungen zum Weiter-Denken: für sich selbst, für Gruppen oder für Gottesdienste.

**EVANGELISCHE VERLAGSANSTALT**
**Leipzig** www.eva-leipzig.de

Tel +49 (0) 341/ 7 11 41-44     shop@eva-leipzig.de